신규교사를 위한 교직실무 꿀팁

교사생활 교과서

정미정 · 정태진

어떻게 하면 교사로서의 삶을
꾸려나갈 수 있을까?
중요한 것에 집중하는 힘은 어디에서 나오는 것일까?

교무
업무

행정
업무

학급
경영

수업
준비

교사
복지

내하출판사

중학교 체육 시간 때 일이에요. 수행평가로 옆 구르기를 하는 날이었습니다. 선생님께서 팔을 쭉 펴고 옆으로 돌면 되는 간단한 동작이라고 하셨지만, 그전까지 한 번도 성공한 적이 없었습니다. 능수능란하게 잘 도는 친구들과 비슷하게라도 흉내를 내는 친구들 사이에서 저도 열심히 동작을 익혀보려고 했지만 긴장한 탓인지 쉬이 되지를 않았습니다. 제 차례가 돌아왔고, 매트 앞에 선 순간 무서워서 몸이 굳어버렸습니다. 얼굴이 빨개진 채로 그러고 있기를 한참, 선생님께서는 결국 저한테만 앞구르기를 시키셨고 20점에 10점, 기본 점수를 주셨습니다.

교사 생활을 하면서도 앞구르기를 하던 그 학생은 크게 달라지지 않았습니다.
해내야 한다, 실수해서는 안 된다는 생각에 늘 몸에 힘을 주고 지냈습니다. 막연한 두려움으로 늘 불안했고, 잘했을 때든 못했을 때든 그다음 일을 걱정하며 초조하게 하루하루를 버텼습니다.

수업만 하면 되는 줄 알았던 교직 생활에는 다양한 상황과 그보다 더 많은 업무가 있었고, 그럴 때마다 어떻게 해야 할지 알 수가 없었습니다. 주변 선생님은 각자의 삶에서 최선을 다하느라 너무 바쁘셨고, 책과 인터넷에 있는 무수한 정보들은 이미 그 양에 압도되어 선택조차 어려웠습니다. 무엇하나 제대로 할 수 없었습니다.

합격의 기쁨도, 즐거워야 할 교직 생활도, 사랑스러운 학생들 앞에서도 마음 편하게 누리지 못하고 부족함을 야근과 잔업으로 메꾸었던 저희는 잠깐 멈춰서게 되었습니다. 완전히 소진되어버린 채, 한계를 넘어버린 삶 앞에서, 결국 교사의 삶에 대해 다시 생각해보게 되었습니다.

어떻게 하면 교사로서의 삶을 꾸려나갈 수 있을까?
중요한 것에 집중하는 힘은 어디에서 나오는 것일까?

이 책은 그 고민에 대한 저희의 답입니다. 행복한 교사가 되기 위한 노력에만 집중할 수 있도록, 사소한 일은 사소하게 지나갈 수 있도록, 교사로서 반복되고 고민되는 일에 대한 예시 답안을 나누고 싶었습니다.
유연하게 옆 구르기를 할 수 있는 방법처럼요.

세상에는 위대한 교사의 완벽한 교육 철학에 관한 책은 많으니, 저희는 교사로서 해야 하는 최소한의 준비를 일상적으로 해내는 방법을 담았습니다. 현학적이고 관념적인 이야기보다는 솔직하고 실용적인 내용들로 채워 학교에 바로 적용할 수 있도록 했습니다.

그렇게 해서 얻은 시간에 자신을 돌보는 힘을 기를 수 있도록, 작고 소중한 기쁨을 찾을 수 있도록, 일과 삶의 균형을 찾아 결국엔 행복한 교사가 될 수 있도록 말입니다.

막막했던 교직 생활 속에서 하나하나 부딪치며 얻은 저와 동생의 예시 답안이 저마다 다른 상황 속에서 일률적인 해결책이 되지는 못하더라도 저희와 같은 고민을 하고 있을 선생님께, 이 책이 선생님의 일상에 작은 도움이 되기를 바랍니다.

정미정, 정태진

CHAPTER 4 수업준비

CHAPTER 3 학급경영

CHAPTER 5 교사 복지

일러두기

◆ 교육청마다, 학교급마다, 또 단위 학교마다 같은 내용이라도 조금씩 차이가 나는 부분들이 있습니다. 이 책은 교직 실무에 대한 중요하고 기본이 되는 내용을 정리했으니, 이를 길잡이 삼아 자신이 속한 환경에 따라 유연하게 활용해 주시기 바랍니다.

◆ 책의 모든 내용은 함께 쓰고 함께 고쳤기에 글의 화자는 통일하였습니다.

CHAPTER 1

교무
업무

신규 발령

최종 합격을 진심으로 축하합니다.

간절했던 꿈은 현실이 되고, 넘을 수 없을 것 같던 벽은 문이 되었습니다. 그 문을 열고 만난 새로운 세상은 과연 어떨까요? 지극했던 기쁨은 찰나, 다시 현실적인 고민이 물밀듯 밀려옵니다. '어느 학교로 가게 될까?', '잘 할 수 있을까?'

어떤 준비를 해야 할지도 모르면서 괜스레 마음만 조급해져 옵니다. 막연하고 모호한 불안감은 모두가 마찬가지입니다. 처음부터 완벽할 수는 없습니다.

우리는 지금 할 수 있는 준비를 가볍게, 또 차근차근 해나가면 됩니다. 이 책을 친구 삼아 함께 준비해볼까요?

01 최종 합격

최종 합격 이후 일정은 대개 이렇습니다.

- ▶ 2월 둘째 주: 최종 합격자 발표
- ▶ 2월 둘째 주: 서류제출 (공무원채용신체검사서, 선서문, 교원자격증 사본, 대학교 졸업(예정)증명서 등으로 교육청 공고를 꼼꼼히 확인해야 합니다.)
- ▶ 2월 셋째 주~넷째 주: 중등 신규교사 임용예정자 직전연수

02 신규 발령

대체로 신규교사 연수 마지막 날 발령지가 결정됩니다. 미발령 혹은 중간 발령이 나는 경우도 있습니다. 고등학교는 구체적인 학교명으로 발령이 나며, 중학교는 교육청이 먼저 안내된 뒤에 추후 학교를 공지 받습니다.

03 학교에 전화하기

학교가 정해지면 소속 학교에 전화를 합니다. 교무실에 교무행정사님께서 교감 선생님께 전화를 돌려주실겁니다.

'안녕하세요. 교감 선생님. 이번에 신규로 발령받은 00과목 000이라고 합니다. 학교에 언제쯤 찾아가면 될까요?'

그럼, 교감 선생님께서 학교 출근일을 안내해 주실 텐데, 요즘은 2월에 새 학기 준비 기간이 있어(3일 내외) 학교 업무분장과 인수인계가 이루어집니다. 이 시기에 출근하는 것부터가 학교 근무의 시작입니다.

04 학교 출근일

모두 모여서 인사하는 시간을 갖습니다. 본인 이름과 과목, 간단한 인사말 정도면 충분합니다.

'안녕하세요. 이번에 신규로 발령받은 00과목 000이라고 합니다. 모든 것이 처음이라 부족한 점이 많겠지만 항상 배우는 자세로 노력하겠습니다. 감사합니다.'

첫 출근에 확인해야 하는 점은 크게 두 부분입니다. 어떤 업무를 하게 될지, 어떤 학년을 맡게 될지, 전임자에게 인수 받은 업무 내용은 잘 기록해두고, 교과서와 지도서도 챙기면 임무 완료!

05 집 구하기

학교가 현재 사는 곳과 출퇴근할 수 있는 거리에 있는 행운이 누구에게나 주어지는 것은 아니기에 주거를 해결하는 것이 가장 시급한 과제입니다. 학교에 관사가 있거나 기숙사에서 생활이 가능한 경우라면 상관없지만, 자취를 해야 하는 경우라면 새 학기 준비 기간을 이용해서 주변 거주공간에 대한 정보를 수집하는 것도 방법입니다.

집을 구할 때는 크게 어디에 주거할 것인지(오피스텔, 원룸, 아파트 등), 어떻게 주거할 것인지(월세와 전세)로 나눌 수 있습니다. 자동차가 있다면 선택의 폭이 넓어지겠지만, 그렇지 않다면 도보 출퇴근 시간을 확인해서 구하는 것이 좋겠습니다. 다만 학교와 너무 가까운 곳은 퇴근길이나 생활 동선이 학생들과 겹쳐 불편한 경우도 생기니 이 점도 고려해야겠죠.

06 이전비

공무원은 근무지 외의 지역으로 부임을 하게 되는 경우 이전비 즉, 이사비를 지원받을 수 있습니다. 여기에는 신규교사도 포함됩니다. 따라서 내가 근무하게 될 학교가 현재 거주하는 지역과 다르다면 학교에 전화해서 이전비 지급이 가능한지, 어떤 서류가 필요한지를 미리 확인해두는 게 좋습니다.

자세한 내용은 '76 교사의 꿀 혜택'을 참고하세요.

07 2월 마지막 주

합격, 연수, 출근. 정신없이 하루하루 보내다 보니 어느덧 2월 마지막 주, 새 학기를 앞두고 여전히 마음이 싱숭생숭 합니다. 그동안 애써 외면했던 걱정들과 고민을 직면해야 하는 것은 참 힘든 일입니다. 이야기하고 싶은 건 완벽한 준비는 없다는 것! 단정한 옷차림 2~3벌, 수업 2~3차시, 딱 그 정도만 준비하면 충분합니다.
남은 시간은 쌓인 피로도 풀고 맛있는 것도 많이 먹고 어떻게든 되겠지 라는 조금은
태평한 마음으로 보내는 것도 필요하답니다.

02 학교의 일 년

학교의 1년은 이렇게 이루어집니다.

01 1학기

	주요 행사	업무	담임
2월		◆ 업무 준비 ◆ 교무실 정리 ◆ 업무 컴퓨터 준비	◆ 학급경영계획 ◆ 교실환경미화 ◆ 담임서식준비 ◆ 담임키트준비 ◆ 학생 이름 외우기
3월	입학식 1학기 시작	◆ 교과운영안 ◆ 평가계획 수립	◆ 학생 학부모 연락처정리 ◆ 학급회 구성 ◆ 1인 1역할 구성 ◆ 청소 구역 선정 ◆ 학급규칙 선정 ◆ 1차 학생 상담 ◆ 가정방문 ◆ 학부모 상담 ◆ 학급비 사용 계획
4월		◆ 중간고사 출제	◆ 2차 학생 상담
5월	중간고사 체육대회 수학여행 수련회	◆ 연수 듣기	◆ 어버이날 행사 준비 ◆ 체육대회 준비
6월		◆ 기말고사 출제	

| 7월 | 기말고사
여름방학
교직원 워크숍 | ◆ 연수 듣기 | ◆ 여름방학 준비
◆ 1학기 생활기록부 작성 |

02 2학기

	주요 행사	업무	담임
8월	2학기 시작		
9월		◆ 중간고사 출제 ◆ 연수 듣기	◆ 1인 1역할 구성 ◆ 청소 구역 선정 ◆ 학급규칙 재점검 ◆ 3차 학생 상담
10월	중간고사	◆ 연수 듣기	
11월		◆ 기말고사 출제 ◆ 업무 마무리 ◆ 예산 마무리	◆ 2학기 생활기록부 작성
12월	기말고사 학교축제 교직원 워크숍	◆ 교무실 정리 ◆ 업무 컴퓨터 정리	◆ 4차 학생 상담 ◆ 학교 축제 준비 ◆ 겨울방학 준비 ◆ 학급비 정산 ◆ 사정회
1월	종업식 · 졸업식 겨울방학		◆ 종업식 · 졸업식 준비 ◆ 생활기록부 최종 점검

교무수첩

교사의 삶을 설명하는데 이보다 더 정직하고 성실한 답변이 있을까요?

해야 하는 일 뿐만 아니라 불필요한 일에 들이는 시간을 줄이고, 교사로서 의미 있게 살 수 있도록 일상을 정리하는 기술이 바로 교무수첩입니다. 사소하지만 매일 매일 기록했던 작은 성실이 일상을 단정하게 만들고, 시행착오를 줄여줍니다. 꼼꼼하게 기록된 교무수첩보다 중요한 지침서는 없습니다.

금성제책사의 교무수첩, 다이어리, 아이패드, 바인더 등 형태는 다양해져도 본질은 변하지 않습니다. 사소하지만 기본이 되는 내용을 정리하고 기록하면서 교사로서의 삶을 단단하게 만들어 나갑니다.

01 학교 기본정보

학교 전화번호, 팩스 번호, 주소를 작성합니다. (교무실 게시판 혹은 학교 홈페이지에 잘 나와 있답니다.)

02 시간표, 시정표

학급 시간표, 과목 시간표, 학교 시정표를 작성합니다.

03 결재라인

복무별 결재라인과 품의 결재라인을 작성합니다.
자세한 내용은 '27 기안, 기초'를 참고하세요.

04 나에게 책정되어 있는 예산

업무 담당자로서 일 년 동안 써야 하는 예산이 있습니다. 예산 항목을 확인하고 금액도 함께 적어둡니다. 저는 엑셀 파일도 만들어 같이 관리합니다.

05 아이디와 비밀번호

학교 수업 준비나 업무에 필요한 물품을 구입하기 위해서는 품의라는 과정을 거치게 됩니다. 이때 필요한 것이 학교에서 자주 이용하는 거래처 명단입니다. 각종 쇼핑몰과 S2B 학교장터의 아이디와 비밀번호를 적어둡니다.

06 업무 리스트

맡은 업무와 해야 하는 일을 학기 단위로 파악하여 정리합니다. 되도록 사소한 일까지 모두 적어 목록을 만들어 둡니다. 일을 끝마칠 때마다 목록에 밑줄을 긋는 단순한 행동이 주는 성취감이 상당해서 일을 서두르기도 한답니다.
자세한 내용은 '05 업무준비하기'를 참고하세요.

07 학사력

학사력은 일 년 동안 학교에서 운영되는 각종 행사와 학사 일정이 정리되어 있는 달력입니다. 보통 A4 2장 분량 정도인데, 축소 복사해서 수첩에 붙여놓기도 하고 달력에 미리 표시해 두기도 합니다. 변동사항이 있을 것을 대비해서 연필이나 지워지는 볼펜으로 작성합니다.

08 학생 개인 신상정보

교무 수첩에는 개인 신상정보를 적는 칸이 따로 마련되어 있습니다. 저는 바인더를 사용하기 때문에 A5크기의 학생 개인 신상카드를 만들어서 관리합니다. 학생들에게 작성하게 한 다음 바로 수첩에 끼워 넣기만 하면 되니 편리합니다.

자세한 내용은 '44 담임서식'을 참고하세요.

09 학생 정보 일람표

학생들의 기본 사항에 대해 파악하고 있어야 합니다. 다문화, 다자녀, 차상위, 기초수급과 관련된 내용 등을 확인해서 필요시 장학금을 지원할 수 있도록 정리해 둡니다. 더불어 수상 내역, 자격증, 동아리, 방과후 활동, 희망진로 등도 작성해 놓습니다.

업무 분장

　업무 분장이란 학교의 일을 서로 나누어 처리할 수 있도록 업무를 나누고 조정하는 과정에 대한 일입니다. 사전에 업무희망원을 작성하면 학교 인사자문위원회를 통해 업무가 정해지는데, 업무의 경중에 따라 일 년을 어떻게 보내는지가 결정되기 때문에 굉장히 중요한 부분입니다. 학교마다 상황이 다르고, 부서와 업무 내용이 다르기 때문에 이번 장에서는 학교의 보편적인 업무에 대해 개략적인 내용을 기술했습니다.

01 학교의 구조

　학교는 크게는 교무실과 행정실로 구분할 수 있습니다. 교무실에는 교감, 교사, 교무행정사님이 계시고, 행정실에는 행정실장, 주무관님이 함께 근무합니다. 교사들은 교장, 교감, 수석교사, 일반교사로 구분할 수 있습니다. 업무에 따라 부장과 기획, 업무 담당자로 구분하기도 하고, 담임교사와 비담임교사로 나눌 수도 있습니다.

02 업무희망원

　어떤 업무를 맡고 싶은지, 업무 희망원에 작성합니다. 업무 희망원에는 담임이나 부장 희망 여부와 구체적인 업무를 작성하게 되어 있습니다. 업무별로 어떤 일을 하는지 개략적으로 정리되어 있으니 내용을 잘 살펴본 뒤에 희망하는 업무를 작성하면 됩니다.

[예시]

2024학년도 업무분장 희망원

○○고등학교

성명 (발령과목)		생년월일	
연락처		교육총경력 (2024. 3. 1기준)	호봉 년 월
전임교 업무		학교 부 업무	

2024학년도 업무 희망원

구분	희망부서 · 업무	택 1	
		담임교사 희망여부	부장교사 희망여부
1희망	부 업무	학년	( )부장
2희망	부 업무	학년	( )부장
3희망	부 업무	학년	( )부장
사감 희망 여부			

– 모든 교사가 부장, 담임, 사감 업무 중 한 가지 이상 선택하여 희망원을 제출함.
– 담임교사 배정은 희망원을 존중하되, 본교 교육과정과 연계하여 배정함.
– 2024년 학기 중 휴직 예정인 교사는 기타 참고사항에 관련 사항 표기 제출 요망.

기타 참고 사항	

03 학교업무

1) 교무부

교무부는 학교의 전반적인 행사, 교육과정 등을 총괄하는 부서입니다. 교무회의, 학교 설명회, 나이스 입학 업무, 신입생 전형, 입학 및 졸업식, 교원 인사, 교원 명부, 학사일정, 생활기록부, 장학금, 시간표, 학적, 교육과정 등에 관한 일을 합니다. 교육과정부가 있는 경우에는 일을 나누기도 합니다.

2) 연구부

연구부는 연수, 평가 등에 관련된 일을 하는 부서입니다. 학업성적관리규정, 교원능력개발평가, 학부모회, 교직원 연수, 공개수업, 전문적 학습 공동체, 학생 평가 등을 주관합니다.

3) 학생부

학생부는 학생들의 생활 전반에 걸친 활동을 주관합니다. 선도위원회나 학교폭력위원회 뿐 아니라 체험학습, 수학여행, 교내생활지도, 학생리더십교육, 모범학생선발, 상벌점제 운영, 축제 등도 운영합니다.

4) 정보부

정보부는 정보와 관련된 다양한 업무를 주관합니다. 학교에 있는 전자기기 관리, 방송시설 관리, 나이스(NEIS)권한 관리, 사이버보안진단 점검 등을 맡고 있습니다.

5) 방과후교육부

방과후교육부는 방과후 프로그램을 운영합니다. 교내와 교외에서 선생님을 모집하고 다양한 프로그램을 개설해 교과시간 외 교육활동을 진행합니다.

6) 사업부

주로 특성화고, 마이스터고에서는 교육청이나 국가의 공모 사업을 신청하고 예산이 내려오면 해당 부서를 꾸려 프로그램을 계획하고 진행하는 일을 합니다.

04 업무 분장

'한 달만 미친 X이 되면, 일 년이 편하다' 라는 웃지 못할 이야기가 있죠. 업무를 수치화해서 평균을 낼 수 없듯, 당연히 크고 작은 차이가 있습니다. 힘든 업무, 기피 업무를 누가 하고 싶을까요? 처음이라서 두렵고, 경험해 봤기 때문에 두려운 일들은 모두 똑같습니다. 힘든 일은 함께 해나가면서, 어떤 업무를 맡든 담대하고 차분하게 준비해 나가는 일이 필요합니다. 물론 매년 업무 분장 시기가 되면, 얼마나 지난한 과정을 반복하는지 알기에 어렵고 조심스럽지만, 그럼에도 불구하고 마음을 다잡아 봅니다. 잘 할 수 있는 일이 무엇일지 고민도 해보고, 부당하다고 생각되면 참기보다는 제 의견을 제대로 전달합니다. 그러한 과정을 통해 정해진 업무에는 불퉁거리거나 다른 사람과 비교하지 않고 최선을 다합니다. 그것이 중요하다고 생각합니다.

업무 준비

어떤 업무를 맡게 되든, 처음은 어렵습니다. 신규 교사도, 경력이 있는 교사도 마찬가지입니다. 업무 매뉴얼은 없고, 전임자는 늘 바쁩니다. 그렇다고 방법이 없는 것은 아닙니다. 조금만 시간을 투자하면 업무의 부담을 덜어낼 수 있습니다. 어떻게 준비하면 될까요?

01 업무 폴더 만들기

USB를 준비한 다음, 업무 폴더를 만듭니다. 업무분장표를 확인해서 어떤 업무가 있는지 확인한 다음 업무마다 폴더를 만듭니다. 맡은 업무가 A, B, C라면 동일한 제목의 폴더를 만들면 됩니다. 개수가 많다면 3~4가지로 분류해서 만듭니다.

02 작년 업무 확인하기

학교 업무는 매년 비슷하게 반복됩니다. 그래서 전년도 업무 담당자가 어떤 공문을 기안했는지를 확인하면 앞으로 내가 어떤 업무를, 어떤 순서로 해야 할지 미리 확인할 수 있습니다. 이전 담당자의 이름이나, 업무 이름을 검색해 작년 공문을 손쉽게 찾을 수 있습니다. (2023년을 기준으로 2022.3.1.~2023.2.28.로 날짜를 설정해 줍니다.) 처음에는 1년 치의 공문을 모두 출력해서 보관했는데 활용도가 떨어져서, 이제는 폴더에 기안 공문과 첨부파일을 저장해 놓고 필요할 때마다 찾아보는 방법으로 정착했습니다.

자세한 내용은 '26 공문 꿀팁'을 참고하세요.

03 업무 체크리스트 만들기

기안을 보고 업무의 내용과 시기를 가늠할 수 있습니다. 교무수첩에 큰 업무와 하위 업무를 모두 적어놓고 달력에도 개략적인 업무를 연필로 미리 표시해 둡니다. 학교 업무는 실제로 업무에 걸리는 시간 보다 어떻게 해야 할지 몰라서 고민하는 시간이 더 많습니다. 이렇게 적어두면 어떤 일이든 예상하고 준비할 수 있어서 업무에 대한 막연한 불안감을 해소하는 데 도움이 됩니다.

업무 기초

일요일 저녁부터 학교 가기 싫다고 찡찡대는 현실 직장인이 되었지만, 그렇다고 주말만을 기다리는 삶을 살고 싶지는 않기에! 맡은 일을 확 줄여주는 물리적인 방법은 없지만, 사소한 마음가짐부터 차근차근 시작하는 방법까지, 바쁘게 마음 졸이지 않더라도 효율적으로 업무를 하는 방법이 여기 있습니다.

01 일요일, 15분 정리

일요일 저녁이 되면 책상에 앉아 다음 주에 해야 할 일을 바인더(교무수첩)에 정리합니다. 아무런 준비 없이 출근하면 교무실에 앉아 멍 때리기를 한참, 차 한잔 마시고 교실 다녀왔다가 수업하고 밥 먹고 동료 선생님들과 스몰토크를 나누는 사이에 하루가 금방 가버려요. 업무는 여전히 그대로인데 월요일부터 야근할 수는 없잖아요.

토요일 오후도 좋고, 월요일 오전도 좋습니다. 중요한 것은 일주일을 되돌아보고 다시 새로운 일주일을 보내기 위해 회고해보는 시간을 갖는 것입니다. 미리 준비하는 것만으로도 일을 수월하게 진행할 수 있으니 일주일이 편해진답니다.

02 메신저 정리

쌓여 있는 메신저가 삶의 무게 같이 느껴질 때가 있습니다. 이럴 때는 빨리 해결하고 삭제해 버리는 것을 목표로 합니다. 단순 정보 전달 내용은 바인더에 기록하고 바로 삭제합니다. 불필요한 메신저는 삭제하고 필요한 내용만 남겨두는 것이 우왕좌왕 하지 않고 중요한 일에 집중할 수 있게 합니다.

03 업무 마감 기한을 지킬 것

'다음 주 금요일까지 제출해주세요.' 라는 메신저를 받으면 마감 기한에 늦지 않게 제출하려고 노력합니다. 업무를 하는 입장에서도, 받는 입장에서도 정해진 기한을 지키는 것이 학교 업무의 가장 기본적인 예절이라고 생각하기 때문입니다. 업무 담당자는 내용을 수합해서 정리하고 때로는 기안까지 해야 하는데, 사소한 게으름으로 담당자를 곤란하게 하고 싶지 않습니다. (물론 저의 예민함과 다른 사람에게 민폐 끼치기를 극도로 싫어하는 성격도 한 몫합니다.) 최소 마감 하루 전에 완성하고 검토할 수 있는 여유가 있으면 좋겠지만, 사회적 약속을 지키는 것만으로 직장인의 기본이라고 생각하고 있기에 노력하고 있습니다.

04 업무는 학교에서만

제 자신도 믿기지 않지만 교직 첫 해부터 5년까지 야근을 하지 않은 날이 손에 꼽을 정도로 일을 많이 했습니다. 사업도 많고, 일도 많은 특성화 고등학교의 특성도 있었겠지만, 어쩌면 멈추지 못하는 제 자신이 더 큰 문제였는지도 모르겠습니다. 처음에는 잘 몰라서, 연차가 늘어갈 때는 꼭 그만큼 업무가 늘어났다는 핑계도 있었지만, 중요한 일과 중요하지 않은 일을 구분하지 못했고 업무가 쌓여 있는 와중에도 문서의 줄 간격과 폰트 같은 사소한 문제에도 너무 신경을 쓰고 살았던 것 같습니다.(이 책에는 저의 그런 집요함이 묻어나기도 합니다만.) 돌이켜 보면 그 시간들을 보낸 노력은 가상했지만, 조금 내려놓아도 되지 않았을까 하고 생각합니다.

여전히 힘들지만, 이제 일은 학교에서만 하려고 합니다. 열심히 하지 않는다는 것은 아닙니다. 일과 시간에 최선을 다해서 맡은 업무를 하되, 대신 야근과 집에 일을 가져가는 것은 하지않으려고 합니다. 좋은 교사가 되기보다는 행복한 교사가 되기 위해, 일에 파묻히기 보다는 일과 삶의 균형을 갖추며 살고 싶기 때문입니다.

잘하려는 마음에 무리하지 않을 것, 균형 감각을 갖고 살아 갈 것, 어쩌면 교사에게 꼭 필요한 마음가짐이 아닌가 생각해 봅니다.

업무 예시_ 특강

　실제로 업무에 사용하는 체크리스트입니다. 반복되는 업무는 체크리스트로 준비하면 혼자서도 뚝딱뚝딱 잘 해낼 수 있습니다. 복잡해 보이는 업무에 겁먹을 필요가 없습니다. 업무 내용은 이해를 돕기위해 최대한 자세하게 작성해 놓은 것으로 제가 이 모든 걸 다 하는 것도, 모두가 이렇게 해야 하는 것도 아닙니다. 어떤 업무든 자세하게 목록을 작성해 놓고, 실제 진행하면서 겪은 시행착오를 반영해서 자기만의 목록을 만든다면 그것이 가장 멋진 자산이 됩니다.

01 특강 체크리스트, 사전 준비

1) 강사 섭외
　행사의 목적과 취지에 맞는 강사를 섭외합니다. 가능한 날짜는 2~3개로 조율하고, 강의 주제와 대상, 강사수당, 필요한 서류에 대해 안내합니다.

　(강사카드, 신분증, 통장사본, 원고, 당일 교통비나 하이패스 영수증)

2) 특강 날짜 선정
　학기 말과 같이 행사가 많은 시기에는 최대한 날짜를 빨리 선점하는 것이 좋습니다. 미리 교무부, 교육과정부, 학생부, 방과후 부서 등과 협의를 해서 다른 행사가 없는 날로 정합니다.

월요일과 금요일은 피해서 정합니다. 월요일은 준비하는 것이 바쁘고(전날 준비할 시간이 없습니다.), 금요일은 어수선해서 학생들의 강의 집중에 어렵습니다.

3) 내부 결재

특강 계획을 세워 내부 기안으로 올립니다.

4) 특강 안내

메신저를 사용하여 특강을 안내합니다.

[진로 특강 안내] OO부서에서 안내드립니다.
 ◆ 일정: <u>2023년 7월 18일 화요일 5-6교시</u>
 ◆ 장소: 1층 대회의실
 ◆ 대상: 1학년 전체
 ◆ 강사: 청년농부 OOO
 ◆ 내용: 네 꿈을 펼쳐라, 진로 특강
 _____

상기 내용으로 진행하려고 합니다.
선생님들의 많은 협조 부탁드립니다. 감사합니다.

5) 관련 품의

특강과 관련된 내용들을 파악하여 품의를 올립니다.

강사수당, 원고료, 교통비, 다과비, 협의회비, 현수막비 등 배정된 예산을 정확하게 집행할 수 있도록 미리 확인 후 품의를 진행합니다.

6) 현수막 제작

현수막은 행사의 규모에 따라 전교생 대상이거나, 체육관에서 진행할 때 주로 제작합니다. (대개 1m에 만원 정도의 가격으로 책정됩니다.) 규모가 작은 특강은 교무행정사님께 부탁드려 안내한 시안대로 플로터로 뽑아놓습니다. 입간판도 함께 만들어 두면 좋습니다.

7) 보고서 인쇄

소감문이나 설문지를 학생 수 만큼 인쇄하여 준비합니다.

02 특강 전날

1) 강의 장소 점검 및 기기 체크

▶ 강의가 진행될 장소의 청소 상태를 확인합니다.

▶ 마이크가 잘 나오는지, 동영상 구동에 문제가 없는지, PPT에 활용할 포인터에 건전지는 있는지 확인합니다.

기기의 작동이 어려운 경우 방송반 학생들을 통해 활용법을 익혀둡니다. 강사에게 미리 받은 PPT자료는 컴퓨터에 깔아두고, USB에도 백업해둡니다.

▶ 입간판과 현수막을 설치합니다.

2) 강의 공지

▶ 메신저로 한 번 더 특강을 공지하고, 해당 과목 시간의 선생님께 임장지도를 부탁드립니다.

3) 진행사항 체크

▶ 강사 프로필과 진행순서를 작성하고, 사회자를 선정합니다. 업무 담당자가 하는 경우도 있고, 부장님이나 교감선생님께 부탁드릴 수도 있습니다.

▶ 출석부함에 소감문과 설문지 용지를 넣어둡니다.

03 특강 당일

1) 강의 장소 및 진행사항 최종 확인

▶ 적정한 온도가 될 수 있도록 온도기기를 조정하고, PPT를 띄워놓습니다. 마이크와 포인터, 물을 구비해 둡니다.

▶ 강사가 오면 교감 선생님과 교장 선생님께 미리 소개할 수 있도록 합니다.

▶ 방송을 통해 학생들이 강의실에 올 수 있도록 합니다.

(그래도 안 오는 학생들이 있죠? 강의가 시작되면 교실을 한 번 돕니다.)

▶ 출석부를 준비해서 학생들이 본인 이름을 적고 강의실에 입장할 수 있도록 합니다.

2) 강의가 끝났을 때

▶ 교통비가 지급되는 경우, 강사의 교통비 영수증을 챙깁니다.

▶ 학교 기념품을 준비한 경우, 강의가 끝난 후 드립니다.

▶ 행사 장소를 깨끗이 정리합니다.

04 특강이 끝난 후

▶ 학교 홈페이지에 강의 개요와 사진을 올립니다.

▶ 행사의 중요도에 따라 결과 보고 기안이나 기사를 준비해서 올립니다.

▶ 학생들에게 강의 소감문과 설문지를 작성하게 합니다.

특강이 끝난 후 그 자리나, 교실로 돌아가서 바로 작성하게 하면 됩니다.

08 업무 예시_ 교직원 연수

한 가지만 더 예를 들어보겠습니다.

01 교직원 연수, 사전 준비

교육청에서 주요 전달사항이 있을 때, 각 학교의 업무 담당자가 교육을 받습니다. 이때 전달이 필요하거나 중요한 내용은 교내 선생님들에게 전달 연수를 합니다. 교직원 전체를 대상으로 하는 성교육, 청렴 교육 등 의무연수 교육을 진행해야 할 때도 있습니다. 이럴 때는 어떻게 준비하면 될까요?

1) 날짜선정

▶ 먼저, 연수 날짜를 정해야 합니다. 따로 일정을 잡을 수도 있지만, 연수 대상이 교직원 대부분이기 때문에 학교에서 정기적으로 하는 교직원 회의가 끝나고 하는 경우가 대부분입니다. 사전에 교직원 회의 날짜와 연수 시간이 되는지 조율해서 정하면 됩니다.

2) 내부결제 및 품의

▶ 일정이 정해지면, 내부기안을 올리도록 합니다. 특히 필수 연수는 나중에 증빙자료가 필요하기 때문에, 꼭 기안을 올려야 합니다.

▶ 관련 예산이 있다면, 협의회 명목으로 간단한 간식을 품의하면 더 좋습니다.

03) 자료 준비

▶ 회의 자료는 연수 자료에서 중요한 내용을 요약 정리하면 가장 좋지만, 시간이 촉박하다면 필요한 부분만 발췌하거나, 밑줄이라도 그어서 준비해 둡니다.
▶ 교육에 참여했다는 선생님들의 서명이 필요하니, 등록부 파일도 준비합니다. 교무행정사님이 갖고 계신 학교 양식이 있을 테니, 제목만 바꿔서 사용하면 됩니다.
▶ 연수의 내용과 중요도에 따라, 플로터로 현수막을 뽑을 수도 있습니다.

04) 특강 안내

▶ 메신저를 통해 연수의 내용과 일정에 대해 간단히 안내합니다. 필수 연수 같은 경우는 선생님이 꼭 참여해야 하기 때문에, 되도록 다른 복무 없이 참여할 수 있도록 요청드립니다.

02 교직원 연수, 당일

1) 강의 장소 및 진행사항 최종확인

▶ 당일 날은 회의장에 미리 도착해서, 회의자료와 등록부를 세팅해 둡니다. (간식도 있다면 함께!) 오시는 선생님께서 등록부에 서명할 수 있도록 한 번 더 안내해 드립니다.
▶ 혹시 현수막을 설치해야 한다면, 시간이 좀 더 필요합니다.

2) 연수진행

▶ 전체 교직원 회의가 끝나면, 간단히 연수를 진행합니다. 연수의 취지에 대해 먼저 안내하고, 기존의 내용과 어떤 부분이 다른지, 어떤 부분이 중요한지를

중심으로 교육합니다.

▶ 주변 선생님을 통해 교육하는 모습을 사진으로 남길 수 있도록 합니다.

3) 강의 끝났을 때

▶ 교육이 마무리 되고, 등록부와 사진을 포함해서 간단히 결과 기안을 남기면 끝!

폴더 정리

자료는 정리로 빛난다. 디지털 자료는 저장하기 쉽다는 장점이 있지만, 쌓여도 눈에 보이지 않는다는 단점도 명확합니다. 끊임 없이 모으고 또 모으다 보면, 어느 순간 저장 공간은 부족해지고, 정작 필요한 자료는 찾기 어려운 아이러니가 생깁니다. 이럴 때는 정리와 체계화가 필요합니다. 필요한 자료가 어떤 폴더에 있는지 알고 있는 것만으로도 마음은 편안해지고, 업무는 가벼워집니다.

01 USB 준비하기

저는 사업부서에 주로 있어서 대용량 USB(128GB)를 사용하지만 일반적인 경우 64GB정도면 충분합니다. 외장하드는 가지고 다니기에 무겁고 떨어트릴 위험도 있기 때문에 백업용으로만 추천합니다.

02 폴더 분류하기

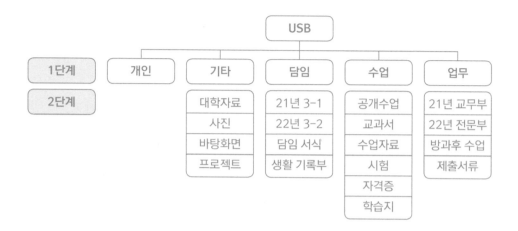

폴더는 3단계 내외로 만드는 것이 관리하기에 편합니다. 폴더를 정리해 놓으면 많은 자료들을 체계적으로 관리할 수 있습니다. 필요와 편리에 따라 다양하게 활용할 수 있습니다.

03 폴더 정리하기

학기가 끝나면(7월과 12월에) 폴더에 쌓인 자료들 중 보존할 필요가 없는 내용들은 삭제합니다. 정리를 하지 않으면 너무 많은 서류가 방치되어 USB의 무게가 무거워 지기도 하지만, 필요한 자료를 제때 찾기도 어렵습니다. 학기 말에는 시험과 수행평가가 끝나고 시간의 여유가 있으니 차분하게 정리해 둡니다. 귀찮다고 대충하지 말고, 꼭 서류 하나하나 열어보면서 필요를 구분해보고 맞는 폴더에 들어 있는지도 확인합시다.

04 외장하드에 백업하기

　한가롭던 어느 날, 위기는 불현듯 찾아왔습니다. 교무실에서 작업을 하다가 팔꿈치로 마우스를 살짝 민다는 걸, 외장하드를 떨어트렸습니다. 교직 생활의 모든 자료가 들어 있던 외장하드였는데… 그동안 백업도 안했던 터라 정말 크게 낙담했어요. 외장하드 업체에 30만원을 들여서 복구를 맡겼지만 돌아온 건 30% 정도의 자료들. 그 후로는 자료는 USB에 저장해서 갖고 다니면서, 두 달에 한 번 외장하드에 백업해두고 외장하드는 집에 놓고 다닙니다. 고장 나면 큰일이니까요. 두 번 강조해도 부족합니다. 꼭! 자료를 백업해 두시기 바랍니다.

10 컴퓨터 정리

개인 노트북을 지급 하는 학교도 있지만, 저는 아직 까지 매년 새로운 자리와 함께 컴퓨터를 배정받습니다. 기존의 묵은 자료를 정리하고 컴퓨터를 가볍게 만드는 것만으로 일의 효율이 한층 올라갑니다. 컴퓨터를 사용하면서 천천히 하나씩 설치 해도 되지만, 리스트를 만들어 두고 하루 날을 잡아 정리하면 일 년이 편합니다.

01 기존 컴퓨터 정리

▶ 필요한 자료는 USB에 옮겨놓습니다.
▶ 개인정보, 불필요한 자료와 쓰지 않는 프로그램을 삭제하는 것은 다음 선생님을 위한 작은 배려입니다.

02 새로운 컴퓨터 정리

▶ '고클린'으로 먼저 하드디스크 최적화, 시작 프로그램 관리 등 각종 PC최적화를 실행합니다. 고클린은 네이버에서 다운 받아 무료로 사용할 수 있는 PC관리 프로그램입니다. 가볍고 사용하기 쉬워서 즐겨 사용합니다.
▶ 디스크 정리, [내 컴퓨터] – [다운로드] 파일 삭제, 카카오톡 받은 파일 삭제, 휴지통 비우기를 실행합니다.

▶ 전년도 업무 담당자가 남겨놓은 업무 파일을 제외하고 나머지 파일은 모두 삭제합니다.

▶ 바탕화면 아이콘은 모두 삭제하는 것이 목표입니다. 기타 폴더를 만들어 아이콘을 모두 넣어 놓고, 매일 사용하는 것만 밖으로 꺼내놓습니다.

▶ 인증서를 복사해 둡니다.
자세한 내용은 '22 교사 인증서'를 참고하세요.

▶ 자주 사용하는 프로그램을 설치합니다. 고클린, 카카오톡, 웨일 브라우저, 폰트 등을 설치합니다.

▶ 미리 저장해 놓은 예쁜 사진을 배경화면으로 설정해줍니다.

03 유용한 컴퓨터 프로그램

▶ 캡처는 [카카오톡] – [나와의 채팅] – [캡쳐] 메뉴를 이용하면 편합니다. [윈도우키 + shift + s]를 눌러 캡처하거나, '칼무리' 프로그램, 웨일 브라우저를 통해서도 캡처가 가능합니다.

▶ PDF편집은 알PDF, 한PDF, nPDF 등으로 가능합니다.

▶ USB를 깜빡할 경우 활용할 수 있는 것이 클라우드 프로그램입니다. 인터넷만 연결되어 있으면 자유롭게 이용할 수 있으니 활용해 보는 것도 한가지 방법입니다. 교사는 원드라이브 2TB가 무료입니다.
자세한 내용은 '76 교사의 꿀 혜택'을 참고하세요.

▶ 모니터에 포스트잇을 붙이는 것도 좋지만, 윈도우 자체에 설치되어 있는 '스티커 메모'도 유용하답니다.

▶ 제출 용도가 아니라면 양면인쇄, 모아찍기를 통해 종이를 절약할 수 있습니다.

참고로, 알PDF와 같이 알집과 관련된 프로그램은 무료버전으로 공공기관에서 사용한다면 문제가 될 수 있습니다. 알집 뿐 아니라 비슷한 경우의 다른 프로그램도 많죠. 이런 연유로 학교에서는 별도로 유료 프로그램을 결제해서 사용하는 경우도 있으니 학기 초에 오는 메신저를 잘 확인해야 합니다.

04 스캔 프로그램

▶ 공문을 처리하거나, 자료를 제출할 때 스캔을 해야 하는 경우가 많습니다.

▶ 학교에 스캐너가 구비되어 있기 때문에 크게 어려움은 없지만, 급하게 스캔을 해야 할 경우에는 핸드폰이나 태블릿을 활용해 스캔하는 방법도 있습니다.

▶ 캠 스캐너, AdobeScan, Scannable 같은 프로그램을 활용하면 좋습니다.

11 책/서류 정리

　교무실 책상에 쌓여 있는 수 많은 서류와 각종 서류함. 필요한 서류를 찾기 위해 서류더미를 파헤치는 모습을 상상하는 것만으로도 머리가 복잡해지죠. 한 장이라도 도움 될까 싶어 꽂아 놓은 각종 교재와 계획서는 또 얼마나 많은지. 결국 학교생활은 서류와의 싸움인지도 모르겠다는 생각을 종종 하곤 합니다. 물론 가장 머리 아픈 지만, 그만큼 가장 빠르고 실질적인 도움이 되는 게 바로 책과 서류 정리랍니다.

01 책 정리

　교과서와 문제집, 지도서, 학교 교육 계획서, 업무 지침서를 제외하고 필요한 책은 없습니다. 정리를 하려고 보면, 없던 교육력도 샘솟아 이 책도 있어야 할 것 같고, 저 책도 있어야 할 것 같지만 우리에게 중요한 건 언젠가 사용할지도 모르는 책이 아니라 당장 사용해야 할 책입니다. 한 권 한 권 신중히 보면서 필요한 책들만 보관합니다. 책상과 마음이 한결 가벼워집니다.

　▶ 그래도 양이 많다면, 이런 방법도 있습니다.
　이미 갖고 있는 책은 스캔해서 PDF파일로 만들어 필요할 때마다 이용하면 편리합니다. 새로운 교재는 (주교재가 아닌 이상) 전자책으로 구입해서 활용할 수도 있습니다.

02 서류 정리의 원칙

서류는 3가지로 분류하고, 3가지 원칙으로 정리할 수 있습니다.

1) 서류의 분류

　① 불필요한 서류, ② 보존해야 하는 서류, ③ 진행 중인 서류

2) 서류 정리의 원칙

　① 가지고 있는 서류를 모두 꺼내놓고 정리합니다.

　② (물리적인) 서류는 없는 것을 기본으로 합니다.

　③ 서류가 생기면 즉시 처리합니다.

03 서류 정리

1) 불필요한 서류

▶ 가지고 있는 서류를 모두 꺼내 봅니다. 클리어 파일에 들어 있는 서류도 귀찮지만 모두 꺼냅니다.

▶ 불필요한 서류는 한데 모아 파쇄기에 파쇄합니다.
A4바구니를 마련해서 중간중간 생기는 서류를 모아 두었다가 일주일에 한번 파쇄합니다.

▶ 원본 문서가 필요 없는 서류는 스캔해서 저장해 놓고, 원본 문서는 파쇄합니다.

2) 보존해야 하는 서류

▶ 당장 사용하지는 않지만 가지고 있어야 하는 중요한 서류도 있습니다. 이런 서류는 파일 혹은 클립보드에 보관하거나, 보관장소에 따로 정리해 놓을 수도 있습니다.

▶ 가지고 있어야 하는 서류는 ① 담임 업무, ② 업무, ③ 수업자료로 분류하고 모아둡니다. 바인더도 사용해 보고 클리어 파일도 써보았는데, 서류 정리는 무조건 넣고 빼는 게 간편한 것이 편리합니다. 투명 L자화일과 투명클립파일은 겉에서 내용도 볼 수 있고, 얇아서 자리 차지도 많이 하지 않아 유용합니다.

▶ 반복되는 업무는 클립 파일에 정리해 놓고, 중간중간 발생하는 새로운 업무나 일은 L자 파일로 관리합니다.

교무실 정리

업무 환경이 깨끗해야 업무의 효율도 올라갑니다. 평소 실용적인 것을 중요하게 생각하지만 교무실만큼은 보기 좋게 정리합니다. 매일 사용하는 것이 만족스러워야 정돈된 일상에서 불필요한 에너지를 소모하지 않고 온전히 집중해서 업무를 볼 수 있습니다. 마음껏 개성을 발휘해서 멋지게 공간을 꾸며보는 것도 좋습니다. 학교에 안락한 나만의 공간이 있다는 것만으로도 학교생활의 스트레스가 줄어듭니다.

01 월요일 15분, 교무실 청소

월요일 아침에 15분 청소를 루틴으로 만드는 것이 시작입니다. 출근하자마자 물티슈를 뽑아들고 컴퓨터, 책상, 의자를 닦아 줍니다. 쌓여 있는 문서는 용도별로 분류하고, 모아놓은 이면지는 파쇄기에 갈아줍니다. 15분 청소로 기분이 상쾌해집니다.

02 책상 서랍 정리

1) 책상

물건은 서랍에 정리하고 책상 위는 깨끗하게 유지하려고 합니다. 시작도 쉽게, 정리도 쉽게 하기 위한 준비입니다. 물론 소중한 사진이나, 피규어, 장식품 한 두 개는 빼놓지 않습니다.

2) 첫 번째 칸

자주 사용하는 문구류를 정리해놓습니다. 대신 스템플러, 풀, 테이프, 가위는 하나씩, 클립과 포스트잇, 좋아하는 볼펜은 조금만 둡니다. 필요한 만큼만 두고 편하게 이용합니다.

3) 두 번째 칸

치약 칫솔, 간식과 차, 물티슈, 반짓고리 키트, 구급함 키트, 화장품, 생리대 등 개인 생활에 필요한 물품을 정리해 놓습니다.

4) 세 번째 칸

칸이 크고 넓은 경우는 대개 보관 서류를 수납하는 용도로 사용합니다. 지금 사용하고 있는 서랍은 깊이가 얕아 출근 가방을 보관하는 용도로 이용하고 있습니다.

03 교무실 필수템 리스트

1) 데스크 매트

데스크 매트는 삭막한 교무실 책상에 온기를 불어 넣어줄 중요한 아이템입니다. 맨 손을 유리 위에 얹고 일을 하려면 살에 닿는 느낌이 너무 차가워서 괜스레 예민해지곤 합니다. 매트가 있으면 책상 위가 깔끔하게 정리되니 다양한 색상의 가죽 매트, 컷팅 매트, 고무 패드 등 취향에 맞게 선택합니다.

2) 텀블러

목 관리를 위해 꾸준한 수분 섭취는 무엇보다 중요합니다. 텀블러나 머그컵을 준비해서 꾸준하게 물 먹는 습관을 길러봅니다.

3) 달력

교사는 날짜를 확인할 일이 많습니다. 행사도 미리 확인해야 하고, 학생들 체험학습 날짜도 확인해야 하고. 탁상 달력이나 위클리 플래너를 준비하면 일정 관리에 유용합니다.

4) 만년 도장

학교 업무에 도장은 필수템입니다. 사인으로 대신하는 경우도 있지만, 시험 감독, 수능 감독, 각종 서류 결재에 필요한 경우가 종종 있습니다. 초임 때 구입해서 유용하게 썼던 양면 콩도장도 좋았지만, 최근에는 좀 더 오래 쓸 수 있는 튼튼하고 예쁜 제품을 구입해서 쓰고 있는데 아주 만족스럽답니다.

5) 헤드셋

교무실의 소음을 차단하고, 목표한 업무를 집중해서 빠르게 해야 할 때 아주 유용합니다. 역시나 처음에는 저렴한 제품을 사용하다가 금방 망가지는 바람에, 지금은 오래 쓸 적당한 가격의 예쁜 헤드셋을 구입해서 잘 쓰고 있습니다.

6) 간식통

예전의 학생 때도 그랬지만 교무실에 선생님 만나러 오면 참 떨립니다. 그래서 생각한 방법이 작은 간식 통을 놓고 찾아오는 학생들에게 사탕을 하나씩 주는 것입니다. 잘했든, 잘못했든, 실없는 소리를 하든, 놀러 오든 꼭 챙겨 줍니다. 처음에는 의아해하던 학생들도 나중에는 편하게 찾아옵니다. 사소하지만 학생들과의 거리를 좁힐 수 있는 귀여운 아이템이랍니다.

7) 풀테이프

생김새나 사용하는 방법은 수정테이프랑 비슷한데, 화이트 대신 양면테이프가 나오는 문구입니다. 증명사진 붙일 때, 성적표 봉투 붙일 때, 대학교 입학원서 보낼 때 아주 유용합니다. 풀보다 깔끔하게 잘 붙고, 정말 편리하답니다.

8) USB

저는 대부분의 자료를 컴퓨터가 아닌 USB에 저장합니다. 컴퓨터 정리를 따로 하지 않아도 되니 간편하고, 정보가 한 곳에 모여 있어서 업데이트 하기에도 편합니다. 개인정보도 보호하고 시험 출제를 할 때도 필요하니 개인 USB는 미리 준비합니다.

9) 블루스크린 차단안경

눈이 좋다고 자부했던 저도, 책상 생활자로서 오래 지내다보니 눈이 점점 나빠지는게 확연히 느껴집니다. 평소 안경을 쓰지 않는 분들도 블루스크린 차단 안경을 꼭 구비해서 업무 볼 때는 착용하고 일 하시는 걸 추천합니다. 컴퓨터 화면 다크모드도 잊지 않도록 합니다.

10) 슬리퍼

꼭 통굽 슬리퍼, 지압 슬리퍼가 아니어도 됩니다. 오래 서 있어야 하기 때문에 내 발이 편한 슬리퍼를 찾아서 사용하면 됩니다. (저는 크록스와 버켄스탁 아리조라를 편하게 신었어요.)

11) 이동식 카트

학교에 있으면 생각보다 짐 옮길 일이 많습니다. 특히 학기 초나 연말에는 교무실이든 교실이든 짐 정리를 해야 하는 일이 많아서 개인 카트가 있으면 편합니다. 학교에 있는 카트는 너무 크고 무거워서 손이 안 가기도 하고, 몇 개 없어서 바쁜 시기에는 경쟁이 치열합니다. 개인 카트가 있으면 학교 뿐만 아니라, 개인 생활에도 유용하게 쓸 수 있어서 추천합니다.

12) 이 외에 있으면 좋은 것들!

독서대, 모니터 받침대도 있으면 한결 편하게 업무를 볼 수 있습니다. 파일함, 모니터, 키보드, 마우스는 학교에 구비되어 있지만 실용적인 미를 중시하는 관점에서 선호하는 브랜드의 제품을 구입해서 갖고 다니는 것도 기분전환이 됩니다.

연수

연수란 교사들이 받게 되는 '교육' 혹은 '강의' 입니다.

연수를 통해 교사의 전문성도 높이고 성장할 수 있는 계기가 되기도 합니다. 필수적으로 들어야 하는 연수도 있고, 부족한 부분을 보완하기 위해 듣는 연수도 있습니다.

01 의무연수(필수연수)

필수 연수는 종류도 많고, 들어야 하는 주기도 달라서 헷갈리는 경우가 많습니다. 업무 담당자가 안내해주기도 하지만, 놓치는 부분이 없도록 본인이 잘 챙겨야 합니다.

▶ 필수연수 종류

연수	시간
안전교육연수	3년마다 15시간 이상
긴급복지 신고 의무자 교육	연 1시간 이상
장애인식개선교육	연 1회 이상
성희롱, 성폭력, 성매매, 가정폭력 예방교육	연 각 1시간(총4시간) 이상
학교폭력예방교육	매학기 1회 이상
아동학대 예방 및 신고의무자 교육	연 1시간 이상
심폐소생술 등 응급처치 교육	연 3시간 이상(실습 2시간이상)

부정청탁 및 금품 수수금지에 관한 교육	연 1회 이상
교육활동 침해행위 예방교육	연 1회 이상
부패방지교육	연 2시간 이상
정보공개 제도 운영에 관한 교육	연 1회 이상
인성교육	연 1시간 이상
이해충동방지법 교육	연 1회 이상
장애인학대 및 장애인 대상 성범죄 예방교육	연 1시간 이상
통합학급 연수	반에 특수학급 학생이 있는 경우
다문화 이해교육	
학습부진아 등의 학습능력 향상을 위한 연수	
청렴교육	

필수 연수가 참 많이 늘었습니다. 그만큼 교사에게 요구되는 책무가 강해진 것은 아닐까 싶습니다. 시간을 써두지 않은 연수는 의무는 아니지만 들어두면 도움이 될 연수들로 정리해 보았습니다. (반에 특수학급 학생이 있는 경우는 통합학급 관련 연수를 이수해야 합니다.) 법령에 규정된 연수가 아닌 경우는 지역별로 차이가 있을 수 있습니다. 최근에는 필수연수를 모아놓은 통합 연수도 많아서 이를 활용하면 좀 더 편하게 연수를 수강할 수 있습니다.

02 1년에 몇 시간을 들어야 할까?

의무연수를 제외하고 강제력이 있는 것은 아니지만, 1년에 60시간 이상 듣는 것을 기본으로 권고하고 있습니다. 딱딱한 내용의 연수나, 교과 관련 연수가 아니더라도 교양 차원에서 재밌게 들을 수 있는 연수도 많으니 여유 있을 때 들어두면 좋습니다. 특히 연수를 여럿이 함께 들으면 소소한 혜택도 많아서 잘 활용해보길 바랍니다.

03 연수는 어디에서?

연수는 오프라인으로 시행되는 연수와 온라인 연수 2가지로 나눌 수 있습니다. 오프라인 연수 같은 경우는 공문으로 안내하기 때문에 신청해서 들으면 됩니다. 온라인 연수는 '인강'과 비슷합니다. 나에게 필요한 연수를 결제하고 수강하면 됩니다. 교육청별로 운영하는 연수원이 있고, 사설로 인가를 받은 온라인 연수원도 있습니다.

연수원 사이트 모음
- 중앙교육 연수원: https://www.neti.go.kr/
- 지역교육연수원(ex. 전남교육연수원)
- 한국교원대학교 종합연수원: https://tot.knue.ac.kr/
- 티처빌 원격연수원: https://www.teacherville.co.kr/
- 아이스크림 원격연수원: https://teacher.i-scream.co.kr/

04 연수를 듣고 해야 할 일

학교에서는 교사에게 연수를 들을 수 있도록 일정 비용을 지원해줍니다. 학교마다 액수에 차이가 있으니 연수를 듣기 전에 미리 확인하세요. 연수를 다 듣고 연수이수증과 결재 영수증을 챙겨두었다가 담당자에게 제출하면 나중에 정산됩니다. 이수증이나 영수증은 연수를 받은 사이트에서 출력 가능합니다.

05 자격연수

자격연수란 특정 자격을 얻기 위해 받는 연수입니다. 1정연수, 교감연수, 교장연수, 진로교사 연수 등이 여기에 해당합니다. 새로운 자격을 받는 것이기 때문에 일반적으로 연수받는 기간도 길고, 시험도 있습니다.

1) 1정 연수

1정 연수란 교직 경력이 4년이 될 때 받는 자격연수입니다. 보통 여름방학에 연수를 받고, 3주 정도 진행됩니다.(겨울방학에 진행하는 경우도 있습니다) 기준 날짜로부터 일정 경력이 되어야 받을 수 있습니다. 간혹 연수 대상자임에도 경력 계산을 잘못했거나 시기를 놓쳐 신청하지 못하는 경우도 있습니다. 관련 공문을 꼭 확인하고 시기를 놓치지 않도록 주의하기 바랍니다. 이전에는 시험 성적과 등수가 매겨져 승진 점수에 반영되었지만, 경쟁과열로 인한 여러 문제점이 생기자 2020년부터는 PASS/FAIL 형식으로 시험이 바뀌게 되었습니다. 일정 자격만 갖추면 모두 통과됩니다.

참고로, 1정 연수는 비슷한 경력의 동 교과 선생님을 만날 수 있는 좋은 기회입니다. 서로가 가장 잘 이해할 수 있고 또 응원할 수 있는 멋진 동료들을 만나는 시간인 만큼, 이 기간 동안 함께 공부하면서 즐거운 시간이 되었으면 좋겠습니다.

06 기타

온라인 연수나 교육청에서 주관하는 연수는 자동으로 나이스 '연수'탭에 기록됩니다. 연수에 따라서 누락이 되거나, 자동으로 등록이 안 되는 경우도 있으니 연수가 끝나면 확인이 필요합니다. 오프라인 연수는 이수증을 잘 보관해야 하며, 미리 스캔해서 보관하는 것도 좋습니다.

14 인사말

가정통신문을 보낼 때도, 학부모님께 편지나 문자를 보낼 때도 다정한 인사가 필요합니다. 사소해서 놓치기 쉽지만, 누군가 알아주지 않더라도, 마음을 보낸다는 생각으로 좋은 문장을 수집하곤 합니다. 아래 문장은 많은 도움을 받은 선배 선생님들의 노고가 담긴 문장들입니다.

01 인사말

1) 기본적인 인사말

▶ 학부모님 가정에 행복과 건강이 가득하시길 기원합니다.

▶ 학부모님 안녕하십니까? 학교의 발전과 교육 활동에 깊은 관심과 사랑을 가져주신 것에 대해 감사드립니다.

▶ 존경하는 학부모님께, 항상 관심과 애정을 가지고 학교와 학생들을 성원해 주시는 학부모님께 감사의 말씀을 드립니다.

▶ 희망찬 새해를 맞이하여 학부모님의 가정에 건강과 행복이 함께 하시기를 기원합니다.

2) 봄 인사말

▶ 모든 것이 새롭게 시작되는 설레는 봄에, 학부모님 가정이 행복하시길 기원합

니다.

▶ 봄의 따뜻한 기운과 행복이 함께하시길 기원합니다.

▶ 생명의 기운을 알리는 자연의 아름다운 몸짓이 미소 짓게 하는 계절입니다.

▶ 신록의 푸르름이 더해가고, 사랑과 감사함을 함께 나누는 아름다운 계절입니다.

3) 여름 인사말

▶ 초록의 한가운데에서 학부모님의 건강과 가정의 평안을 기원합니다.

▶ 싱그러운 여름날입니다.

▶ 청아한 하늘과 녹음으로 가득한 여름이 성큼 다가왔습니다.

▶ 초록을 닮은 여름 향기가 세상에 가득합니다.

4) 가을 인사말

▶ 학부모님께 가을 인사를 드립니다.

▶ 국화의 향기 그윽한 결실의 계절 가을입니다.

▶ 단풍이 완연한 가을입니다. 아침, 저녁 일교차가 크니 건강에 유의하시기 바
랍니다.

▶ 깊어지는 가을과 함께 학부모님 가정에도 결실과 웃음이 가득하길 바랍니다.

▶ 어느덧 쌀쌀한 바람이 옷깃을 여미게 하는 계절입니다.

5) 겨울 인사말

▶ 추운 날씨에 꽁꽁 언 몸을 녹이는 한 줄기 햇살이 반가운 계절입니다.

▶ 긴 겨울이 지나가고 봄이 다가오고 있습니다.

▶ 따뜻하고 행복한 겨울입니다. 가정의 안녕을 기원합니다.

15

전화 예절

전화통화를 하는 일은 은근 부담되는 일입니다. 피할 수 있으면 피하고 싶고, 되도록 문자로 모든 일을 해결하고 싶지만 사회일이 항상 뜻 대로 되는 것은 아니기에. 울리는 전화벨 소리에 가슴이 두근두근 대는 선생님들을 위한 작은 팁을 공유합니다.

01 전화기 위치

교무실 책상 정면을 기준으로 (오른손잡이 기준) 보통 왼쪽에 전화를 둡니다. 왼손으로 전화기를 잡고, 오른손으로 메모를 하는 습관을 들이면 편리합니다. 전화기 앞에 메모지, 필기구를 갖춰놓습니다.

02 전화를 걸 때

용건을 미리 메모해서 필요한 내용을 신속하게 주고받도록 합니다. 아래 내용을 참고해서 상황에 따라 필요한 부분만 확인하고 통화하면 간단하게 끝마칠 수 있습니다. 전화 통화 후 추가로 중요한 사항은 문자나, 메일로 한 번 더 남겨 놓고 의사소통의 오해가 없도록 진행합니다.

> 대상: ○○에게
> 용건: ○○전달
> 전달할 내용: 참석 일자, 시간, 내용
> 확인 사항: 동석자, 자료, 논의 사항

03 전화를 받을 때

나에게 오는 전화는 그냥 받으면 되고, 다른 선생님을 찾는 전화는 해당 선생님에게 전화를 돌려주면 됩니다. 만약 찾는 선생님이 자리에 안 계시면 '메모를 남길지', '전화를 다시 할지' 확인합니다.

04 전화 받는 요령

전화가 오면 '00 중학교 교무실입니다', '00 중학교 교사 000입니다.' '00부서 000입니다.' 와 같이 응대합니다. 그러면 으레 상대방도 자신의 소속이나 이름을 밝힙니다. 그렇지 않다면 정중히 여쭤보는 것이 좋습니다. 그래야 나중에 다시 전화가 오거나, 전달해야 하는 상황에서 적절히 대처할 수 있습니다.

05 전화 사용법

전화기 마다 사용방법이 미묘하게 다르다는 것을 알게 되었습니다. 학기 초에 주변 선생님께 물어보고 방법을 익혀두면 좋습니다. 익숙해질때까지 간단히 메모하거나 스티커를 붙여두는 것도 방법입니다.

1) 전화를 외부로 거는 경우
  ▶ [전화번호] 만 누르면 되는 경우도 있고,
  ▶ [전화번호 + #] 또는 [전화번호 + *] 누르거나,

▶ [9 + 전화번호] 누르기 등 다양합니다.

2) 내부로 전화를 거는 경우

▶ 별도의 추가 버튼 없이 번호만 누르면 됩니다.

3) 전화를 돌려주는 경우

예를 들어, 교육청에서 학생부장님을 찾는 전화가 왔을 때! 수화기를 든 상태에서, 전화기에 있는 '돌려주기' 버튼을 누른 뒤 부장님 내선번호를 누르고 '#' 또는 '*'을 누릅니다. 부장님이 전화를 받은 걸 확인한 후 수화기를 내리면 됩니다.

▶ [돌려주기 버튼] - [내선 번호] - [#] 혹은 [*]
▶ 간혹, 버튼은 있는데 돌려주기라고 쓰여 있지 않은 경우도 있습니다.

4) 전화 당겨받기

예를 들어, 교무실에 혼자 있는데 옆자리에 전화가 울릴 때! 이때는 직접 그 자리에 갈 필요 없이 수화기를 들고 [당겨 받기] 버튼을 누르면 다른 쪽에서 울리는 전화를 당겨 받을 수 있습니다.

▶ 당겨 받기 버튼이 없는 경우, [##] 혹은 [**] 혹은 [수화 종료 버튼 2번 누르기] 등의 방법도 있습니다.

16 단체문자/메일 예절

학교에서 하는 의사소통은 사적인 영역의 카카오톡을 제외한다면 주로 지역 교육청 메신저, 쿨 메신저, 업무 메일을 통해 이루어집니다. 전달하고자 하는 내용도 중요하지만 이를 간결하고 정확하게 전달해서 커뮤니케이션이 잘 이루어질 수 있도록 준비하는 것이 참 중요하답니다.

01 제목은 간단하게

보통은 본문에서 내용을 언급하는 경우가 많지만, 제목을 써주면 읽는 사람이 어떠한 내용이 담겨 있는지 쉽게 파악할 수 있어서 일이 좀 더 명료해지고 효율적입니다. 제목은 간단하면서도 내용을 알 수 있는 함축적인 의미가 담겨 있어야 합니다. [~에 대한 ~부서의 의견], [~건 진행 상황], [~자료 요청], 가볍게 [~부서에서 안내드립니다.] 정도도 좋습니다.

02 내용도 간단하게

전달하고자 하는 내용을 효과적으로 전달하기 위해서는 서술형으로 나열하기 보다는 핵심 내용을 구조화 해서 작성하는 것이 좋습니다. 필요할 경우 강조 표시, 밑줄 등등의 효과를 사용합니다.

03 예시

[00부서에서 안내드립니다.]
내일 아침 9:00에 교장실에서 학교 공간 혁신과 관련해서 1시간 정도 회의를 진행하고자 합니다. 안건은 비품 구입과 선정에 관련된 것으로 첨부한 회의자료 검토해 주시면 회의가 더 원활히 진행될 것 같습니다. 협조 부탁드립니다. 감사합니다.

선생님께서 보내주신 내용 확인했습니다. 바쁘신 와중에도 잘 정리해주신 덕분에 일이 수월하게 마무리되고 있어요. 감사합니다.
이번 00자료는 00까지 부탁드립니다. '-'

04 메일 서명

메일로 의견을 주고받을 때, 번번이 연락처를 쓰는 것보다, 메일의 서명 기능을 이용하면 편합니다.

정미정
전남 나주시 금천면 영산로 5691
호남원예고등학교 창업농교육부
T. 061-000-0000
M. 010-0000-0000
E. watlz2000@naver.com

한글 꿀팁

　단축키의 사용이 한글 작업의 질을 올려줍니다. 외워야 한다는 부담감에서 벗어나 한가할 때 하나씩 따라 해보면 금방 익숙해집니다. 외우기 귀찮아서, 마우스가 있어서 굳이 공부해야 할 이유가 없었다면 지금이 기회! 처음에 제대로 익혀놓으면 두고두고 유용하게 활용할 수 있답니다.

　실제로 작업하면서 사용 빈도가 높고, 도움이 되는 단축키들을 엄선해 모아봤습니다.

구분	기능	단축키
기본 편집	전체선택	ctrl + a
	복사하기	ctrl + c
	붙여넣기	ctrl + v
	잘라내기	ctrl + x
	이전상태로 돌아가기	ctrl + z
	다시 실행	ctrl + shift + z (ctrl+z에 반대되는 기능)
	용지방향, 종류, 여백설정	F7
	단어 찾기	ctrl + f
	서식 복사	alt + c
	수식 편집기	ctrl + n+ m
	저장하기	alt + s, ctrl + s
	다른이름으로 저장하기	alt + v
	새 문서	alt + n

	문단모양	alt + t
	스타일 시트	F6
	맞춤법 교정	F8
	머리말, 꼬리말	ctrl + n + h
	특수문자	ctrl + F10(또는 초성 + 한자버튼)
	인쇄하기	ctrl + p
	한 줄 지우기	ctrl + y
	커서 뒤로 줄 지우기	alt + y
	그림 삽입	ctrl + n + i
글 정렬	글자 간격 좁히기	alt + shift + n
	글자 간격 넓히기	alt + shift + w
	줄 간격 좁히기	alt + shift + a
	줄 간격 넓히기	alt + shift + z
	가운데 정렬	ctrl + shift + c
	왼쪽 정렬	ctrl + shift + l
	오른쪽 정렬	ctrl + shift + r
	줄 정렬하기	shitft + tap
	양쪽정렬	ctrl + shift + m
	표 안에서 줄 정렬하기	ctrl + shift + tap
글씨 편집	글씨 굵게	ctrl + b
	밑줄 넣기	ctrl + u
	글씨 기울이기	ctrl + i
	글씨 색 바꾸기	ctrl + m + k(검정) b(파랑), y(노랑), r(빨강), g(초록)
	글씨 크게	ctrl +]
	글씨 작게	ctrl + [
표 관련	표 만들기	ctrl + n + t
	셀 선택	셀위에 두고 F5
	셀 여러개 선택	셀위에 두고 F5 두 번 + 방향키
	셀 전체 선택	셀위에 두고 F5 세 번
	셀 크기 조정	셀 선택하고 ctrl + 방향키(전체 크기가 변함)
	셀 크기 조정	셀 선택하고 shift + 방향키 (전체 크기는 고정됨)

18 엑셀 꿀팁

엑셀 프로그램은 생각보다 다양한 곳에서 활용됩니다. 예산부터, 각종 계획까지 활용도가 무궁무진합니다. 그렇지만 여전히 엑셀 프로그램이 낯선 선생님들을 위해서 이번에는 단축키나 함수의 활용보다는 엑셀의 기본적인 기능을 익히고 사용하는 방법에 초점을 맞춰 정리해 보았습니다.

01 필터 기능 적용하기

자료를 내가 원하는 조건에 맞춰 나열해야 하는 경우가 있습니다. 이때 유용하게 사용할 수 있는 것이 필터기능입니다. [데이터] ➡ [필터] 기능에 들어가면 이용할 수 있습니다. 자료가 기록되어 있는 셀을 아무거나 클릭 한 뒤에 필터버튼을 누르면 필터가 적용됩니다. 여러개 조건을 사용해야 하는 경우라면 [데이터] ➡ [정렬]에 들어가 내용을 추가해 사용하면 됩니다.

02 엑셀 함수

함수의 세상은 여전히 미지의 세계지만, 도전해볼만한 가치가 있습니다. 다 정복해주겠어! 라는 당찬 마음도 좋지만, 자주 사용하는 함수부터 차근차근 업무에 적용해보는 것이 좋은 시작입니다. 여기에서는 가장 기본적인 함수들 몇 가지를 적어보았습니다.

함수	함수의미
=today( )	오늘 날짜
=now( )	오늘 날짜, 시간
=sum(개체1, 개체2, 개체3, …)	개체들을 모두 더하는 것
=average(개체1, 개체2, 개체3, ….)	개체들의 평균
=product(개체1, 개체2, 개체3, …)	개체들의 곱
=count(개체1, 개체2, …)	숫자가 포함된 셀의 개수
=counta(개체1, 개체2, …)	비어있지 않은 셀의 개수
=countblank(개체1, 개체2, …)	비어있는 셀의 개수
=rank.eq (순위를 구하려는 수, 수 목록, 정렬)	순위 구하는 함수 (정렬: 오름차순이면 0 또는 생략·0아닌 숫자이면 내림차순)
=concatenate(개체1, 개체2, …)	여러 텍스트를 하나의 텍스트로 합치는 함수

03 줄 바꾸기

한글에서는 엔터만 치면 줄이 바뀌는데, 엑셀은 엔터를 치면 아래 셀로 이동해버립니다. 이때는 alt + enter를 누르면 줄이 바뀝니다. 아니면, 줄을 바꾸고 싶은 셀을 클릭한 뒤, [홈] ➡ [자동 줄 바꿈]을 이용해 줄을 바꿀 수도 있습니다.

04 0을 표시하기

엑셀에서는 0을 작성하면 없어져 버립니다. 예를 들어 '01'을 입력하면 '1'로 출력되는 것이죠. 0을 표시하려면 방법은 크게 2가지가 있습니다.

▶ 숫자를 문자로 취급하는 것입니다. 숫자 앞에 작은 따옴표(')를 붙여 입력하면 끝입니다. 01이 아니라 '01 로 입력해야 합니다.

▶ 숫자의 형식을 지정하는 것입니다. 바꾸고 싶은 셀을 클릭하고 ctrl+1을 누르면 셀 서식에 들어가게 됩니다. 여기에서 [사용자 지정] ➡ [형식]에서 '0000'

이라고 입력하면 4자리 숫자에 한해서 0이 항상 표시됩니다. '123'을 입력하면 '0123', '11'을 입력하면 '0011'로 입력되는 것입니다. 내가 원하는 숫자 형식에 따라 0의 개수를 수정해 입력하면 됩니다.

인쇄 꿀팁

책상 생활자의 종이 스트레스를 줄여주는 사소하지만 유용한 인쇄 꿀팁입니다.

01 학교생활기록부 인쇄

▶ 학교생활기록부는 따로 조회 및 출력 버튼이 있어서 간단히 인쇄할 수 있죠? 제출할 용도가 아니라면 ① 양면출력을 할 수도 있고, ② 인쇄 옵션에서 [기타 설정] – [한 면에 인쇄할 페이지 수] – 2를 선택해서 모아 찍기를 할 수도 있습니다.

▶ 보관 용도라면, 인쇄 옵션에서 [PDF로 저장]을 선택할 수도 있습니다. 중간 중간 서류를 뒤적이지 않아도 되고, 또 개인정보가 담긴 서류를 아무데나 놔 둘 수도 없으니 안전하게 PDF 파일로 USB에 담아 두면 편합니다.

▶ 학기 초에는 담임이 조사해야 할 내용이 얼마나 많은지 정신을 차릴 수가 없습니다. 특히 인적사항과 관련된 내용이 정말 많습니다. 이때 저는 아래 메뉴를 이용합니다. [학교생활기록부] – [학생부 항목별 조회] – [인적사항] – [저장] 버튼 – XLS 엑셀 파일로 저장합니다.
번호, 이름, 성별, 생년월일, 주소가 나와 있는 엑셀 파일인데, 이 파일을 기본으로 이곳에 핸드폰 번호, 이메일 주소, 부모님 성함 등등 자료를 한데 모아 파일을 하나 만듭니다. 요청이 있을 때 필요한 부분만 복사해서 제출하면 되니까, 굉장히 편리합니다.

02 엑셀, 한 페이지에 출력하기

엑셀 파일을 출력하려고 할 때, 내가 원하는 데이터가 한 장에 나오지 않고 여러 장으로 나눠져 출력되는 경우가 있으시죠? 이럴 때는 페이지 설정을 변경해주어야 합니다.

▶ 엑셀에 들어가 [페이지 레이아웃] ➡ [페이지 설정]에 들어갑니다.

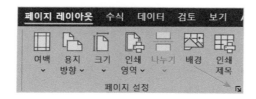

▶ 배율을 '자동맞춤'으로 설정합니다. 여기에서 너비는 내가 가로를 몇 장으로 출력할 것인지, 높이는 세로를 몇 장으로 출력할 것인지 입니다. 각각 값을 1로 설정하면 한 장으로 출력이 됩니다. 너비만 1로 맞추고, 높이는 문서에 따라 자유롭게 조절하기도 합니다.

▶ 인쇄 할 슬라이드에 날짜가 표시된다면,

[보기] – [유인물 마스터] – [개체 틀]에서 날짜에 되어있는 체크를 해지해 주어야 합니다.

▶ 여백 없이 인쇄를 하고 싶다면, 슬라이드의 크기를 A4로 바꾸어 줍니다.

[디자인] – [슬라이드 크기] – [사용자 지정 슬라이드 크기] – [A4 용지] –
[확인]

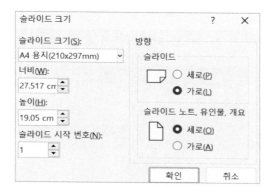

▶ 이렇게 하면 최대화 / 맞춤 확인 두 선택지가 뜰 텐데, 어떤 걸 선택해도 어느
정도 여백을 줄여줍니다.

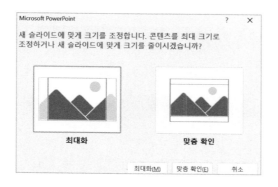

이미 만들어진 PPT는 이렇게 인쇄하고, 만들 예정이라면 처음부터 슬라이드 크기를 A4로 설정하면 좀 더 편리합니다.

▶ 여백 없이 유인물을 인쇄하고 싶다면, (한 페이지에 여러 장의 슬라이드를 출력하는 기능) [파일] – [인쇄] – [전체 페이지 슬라이드] 에서 유인물을 선택하기 보다는, [파일] – [인쇄] – [프린터 속성] – [페이지 레이아웃]에서 한 면에 인쇄할 페이지 수를 선택하면, 여백이 최소화 됩니다.

〈유인물 인쇄〉　　　　　〈프린트 레이아웃 변경 후 인쇄〉

04 포스트잇 인쇄

반복해서 사용하는 내용이나 손으로 쓰기 귀찮은 것들은 포스트잇에 인쇄해서 사용할 수 있는 방법도 있습니다.

▶ A4 1장이 필요합니다. 한글로 포스트잇과 동일한 크기의 표를 만들어 출력한 뒤표 위에 실제 포스트잇을 일정한 방향으로 붙여줍니다. 같은 파일을 이용해서, 네모 상자 안에 필요한 내용을 적고 아까 만들어 둔 종이에 인쇄를 하면 됩니다. 포스트잇 접착면이 프린터 안쪽을 향하도록 넣어야 한다는 점만 유의하면 됩니다. 글로는 복잡해 보이는데, 막상 해 보면 정말 간단합니다.

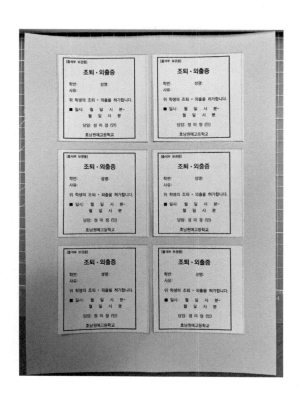

CHAPTER 2

행정
업무

20 업무포털

학교의 모든 업무는 업무포털을 통해 이루어집니다. 우리가 네이버에 로그인해서 이메일을 쓰듯, 업무포털에 로그인해서 공문서를(대부분의 업무를) 작성한다고 생각하면 이해하기 쉽습니다. 가장 자주 쓰는 메뉴를 중심으로 소개합니다.

01 업무포털 화면

브라우저의 첫 화면을 업무포털로 설정해두면 편합니다. 괜스레 여기저기 기웃대는 시선을 업무로 집중하게 합니다. 사이트 주소는 소속 교육청 홈페이지를 통해 확인할 수 있습니다.

① 나이스

나이스(NEIS)업무를 볼 수 있는 곳입니다. 교사의 복무와 급여 등을 확인하고 성적처리, 출결관리, 생활기록부 관리 등의 업무를 이곳에서 볼 수 있습니다.

② K- 에듀파인

공문을 확인하는 곳입니다. 외부에서 오는 공문들을 확인하고, 결재, 기안, 공람, 품의 등 일련의 과정을 실행하는 공간입니다.

02 K- 에듀파인 화면 살펴보기

① 처리해야 할 업무가 숫자로 표시되어 있어 직관적으로 확인할 수 있습니다.

② 업무 시스템에 따른 화면 전환기능을 담당하는 메뉴입니다. 공문을 처리할지(업무관리), 품의를 할지(학교회계) 선택합니다.

③ 공문서를 작성하고 결재, 공람하는 일련의 업무가 나열되어 있습니다.

④ 선택한 메뉴와 관련된 내용이 나오는 부분입니다.

⑤ 자주 사용하는 메뉴를 따로 가지고 와 좀 더 원활한 업무를 돕습니다.

⑥ 아래 탭은 열어본 내용들을 표시해 주는 것으로, 인터넷을 사용할 때 탭이 추가되는 것과 같은 원리입니다. 메뉴 선택이 쉬워져 유용한 기능입니다.

나이스(NEIS)

NEIS(National Education Information System) 시스템이란 '교육행정 정보를 전자적으로 연계처리하고 국민 편의증진을 위해 도입된 종합 교육 행정정보 시스템'입니다. 학교에서는 통칭 '나이스'라고 부릅니다. 공문 처리는 업무포털을 이용하고, 나이스에서는 성적, 생활기록부, 출결, 학적 등의 업무뿐 아니라 교사들의 복무와 급여 확인도 합니다.

01 나이스(NEIS)

업무포털에 들어가면 상단에 '나이스' 메뉴가 있습니다. 이곳을 클릭하면 나이스 화면이 새 창으로 열립니다.

1) 상단 메뉴

상단에는 내가 맡은 업무가 나열되어 있습니다. 담임 업무는 '학급담임', 교과업무는 '교과담임'으로 구별되어 있습니다. 교사별로 맡은 업무가 다르기 때문에 상단에 나오는 메뉴에도 조금씩 차이가 있습니다. 본인이 업무 담당자인데 나이스 상단에 필요한 메뉴가 보이지 않을 때는 정보 업무 담당자에게 연락해 권한을 받으면 됩니다.

2) 승인사항

K-에듀파인에서 공문을 기안하고 결재하는 것처럼 '나이스' 내에서도 비슷한 형태로 업무를 진행합니다. 나이스 내에서 진행하는 업무를 나타내주는 메뉴가 '승인사항'입니다. 지금까지 요청한 내용을 확인할 수 있는 '상신함', 결재해야 하는데 아직 처리하지 않은 내용이 있는 곳은 '미결/협조함'입니다.

3) 기본메뉴

교사 개인에 대한 정보가 있습니다. 출장, 휴가, 조퇴 등과 관련된 메뉴인 '복무'와 교사의 월급 및 수당을 알려주는 '급여', 교사 개인 기록이 담긴 '인사' 등을 자주 이용합니다.

교사 인증서

업무포털에 접속하기 위해서는 2단계 인증과정을 거칩니다. 교사 인증서를 통해 인증한 다음, 일반적인 로그인 과정을 거칩니다. 교사인증서는 학교에서 사용하는 '공인인증서' 같은 개념입니다. 보안이 중요하기 때문에 학교 업무를 하기 위해서는 교사 인증서가 꼭 필요합니다.

01 인증서 발급받기

인증서는 정보 업무를 맡고 계신 선생님이나 교무행정사님이 발급을 도와주십니다. 따로 해야 할 일은 없으며, 담당 선생님께서 보내주신 양식을 잘 작성해 보내기만 하면 됩니다. 발급을 받은 인증서는 C드라이브에 저장하면 됩니다.

02 인증서 옮기는 법

출장, 방학 혹은 주말에 원격으로 업무를 처리해야 하는 경우가 종종 있어요. USB에 인증서가 있다면 업무처리가 수월하겠죠? 인증서를 옮기는 방법은 다음과 같습니다.

1) 인증서 파일 찾기

C드라이브에 들어가 GPKI 폴더를 찾아 줍니다. [C:] ➡ [GPKI]

2) 인증서 파일 복사

GPKI 폴더 전체를 복사해 USB나 이메일, 클라우드 등에 저장합니다. 만약 기존 USB나 컴퓨터에 GPKI폴더가 이미 있어 헷갈린다면, 덮어씌우거나 [GPKI] ➡ [Certificate] ➡ [class2] 로 들어가 해당되는 파일만 복사해도 됩니다.

3) 인증서 설치

USB에 파일을 넣었다면 별도의 과정 없이 바로 사용 가능합니다. 이메일이나 클라우드에 저장해둔 경우라면 복사한 GPKI폴더를 C드라이브에 복사합니다. 다른 폴더에 복사하면 인식이 잘 되지 않아요. USB는 간혹 두고 오는 경우도 있으니, 이메일이나 클라우드에도 인증서를 저장해두면 편리하답니다.

4) 확인하기

업무포털 로그인 화면에 인증서가 표시되었다면 제대로 한 것입니다. 혹시 과정을 똑같이 반복했는데도 인식이 안 된다면, 이때는 인증서를 삭제한 뒤 다시 설치하거나, 컴퓨터를 재부팅하면 됩니다.

용어정리

모든 전문 영역의 공간에는 그 분야 고유의 용어가 있습니다. 물론 학교도 마찬가지입니다. 학교 현장이라는 새로운 공간에 적응하기 위해 가장 먼저 필요한 것이 바로 학교 내에서 사용하는 용어에 대한 이해가 아닌가 싶습니다. 업무에 대한 모호함은 용어를 통해 좀 더 정교해지고 구체화 된답니다.

01 공문

공문은 공무상 작성하거나 접수한 문서입니다. 학교에서는 여러 목적으로 외부에서 공문이 오기도 하며, 직접 공문을 작성하기도 합니다.

02 기안

기안이란 공문을 작성하는 행위로, 업무와 관련한 사안에 대해 상부에 허락을 구하기 위함이 목적입니다. 교육청과 같은 외부기관에서 학교에 업무를 요청하면 기안을 통해 요청 내용을 해당 기관에 보냅니다. 학교 내에서 보관하는 용도로 사용하는 내부기안도 있습니다.

03 품의

품의는 물건을 구입하기 위해 공문을 기안하는 일입니다. 필요한 물건을 품의하고, 결재가 완료되면 해당 물건을 구매할 수 있습니다.

04 공람

공람이란 여러 사람이 볼 수 있도록 공문을 공유하는 일입니다.

05 업무메일(내부메일)

학교 안에서만 사용되는 이메일입니다. 같은 교육청이면 서로 메일을 주고받을 수 있습니다. 공문으로 보내기 애매하거나 단순 정보 전달 혹은 급한 공문들은 업무메일을 통해 업무가 이루어지기도 합니다.

06 결재

공문을 확인하는 작업입니다. 결재하는 과정을 거쳐야 나에게 접수된 문서나, 내가 작성한 공문의 처리가 완료되는 것입니다.

(예시) 부장님, 결재해주세요!

07 결제

결재와 결제는 항상 헷갈립니다. 결제는 물건을 구입하는 것입니다.

(예시) 필요한 재료는 교육청 카드로 결제하세요.

24 공문 결재

　업무와 관련해서 나에게 배정된 공문은 결재를 통해 처리해야 합니다. 학교 업무는 혼자 하는 것이 아니기에, 업무와 관련된 여러 사람들이 결재라는 확인과정을 거치면서 업무에 대한 이해와 처리를 돕는 것입니다.

01 공문결재방법

1) 결재문서 확인

　[업무포털] ➡ [K-에듀파인] ➡ [문서관리] ➡ [결재대기]에 들어가면 결재해야 될 문서를 확인할 수 있습니다.

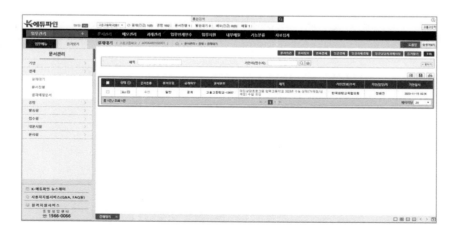

2) 공문 내용 확인

공문을 클릭해서 어떤 내용인지 확인합니다. 단순 홍보용 공문, 학교와 크게 관련이 없는 공문은 바로 결재합니다. 기간 내에 제출해야 하거나, 보고해야 하는 공문은 좀 더 꼼꼼하게 확인하고 메모해 둔 뒤에 결재합니다. 다른 선생님들에게 필요한 내용이라면 공람 처리를 하기도 합니다.

3) 공문결재

내용을 확인했다면 결재합니다. [공문클릭] ➡ [결재정보] ➡ [과제카드] 에 들어가 과제카드를 설정합니다. 과제카드란 내가 받은 공문이 어떤 업무에 해당하는지 분류하는 작업입니다.

과제카드 옆에 돋보기 버튼을 클릭하면 분류할 수 있는 목록이 나옵니다. 공문에 해당하는 목록을 선택한 후 확인버튼을 누릅니다. 과제카드는 업무에 따라 다르게 부여 받습니다.

'본문'을 클릭한 후 상단에 [문서처리]를 누른 후 확인버튼을 클릭합니다.

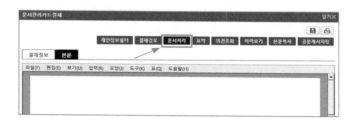

02 잘못 배정된 공문이라면?

공문 배정은 교무행정사님이 해주시는데 간혹 다른 사람의 공문이 실수로 배정되는 경우도 있습니다. 이때는 '처리구분'에 '재지정요청'을 클릭해 의견을 작성한 다음 확인 버튼을 클릭하면 됩니다.

03 공문을 한꺼번에 결재하는 방법

학교에서는 공문이 매일 수도 없이 쏟아집니다. 공문을 확인하고 하나씩 결재하는 것도 시간이 많이 걸리는 일입니다. 이를 해소하는 방법에는 크게 2가지 있습니다. 공문이 접수되었을 때 접수 담당자가 과제 카드를 지정해준다면 일괄결재, 그렇지 않다면 일괄과제결재를 합니다. 단, 일괄과제결재는 동일한 과제 카드로만 결재가 가능합니다.

한꺼번에 결재하려는 공문을 선택한 뒤에 '일괄과제결재' 혹은 '일괄담당자과제지정'을 클릭만하면 됩니다. 공문을 처리하는 과정이 매끄럽지는 않지만, 하나씩 공문을 결재하는 것보다는 간편하게 작업할 수 있습니다.

25

공문 공람

공람이란 함께 공문을 본다는 뜻입니다. 나에게 배정된 공문이지만, 선생님들과 공유 해야 할 내용이라면 공람합니다. 다른 선생님이 나에게 공문을 공람할 수도 있습니다.

01 공람지정하기

1) 결재완료 전 공문

공람을 할 공문을 클릭합니다. [결재정보] ➡ [공람] ➡ [공람지정]을 클릭합니다.

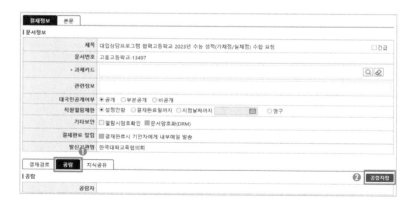

클릭하면 학교 조직도가 나옵니다. 이때 내가 공람할 교사들을 체크해서 '〉〉' 버 튼을 클릭하면 됩니다. 모든 교사에게 공람을 하려면, 모두 선택하고 확인 버튼을 누르면 됩니다.

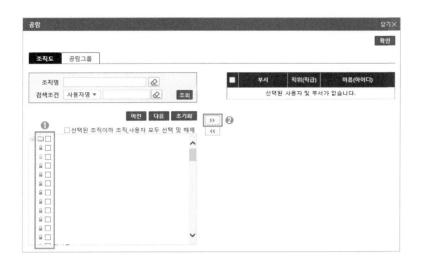

2) 결재완료된 공문

결재가 이미 완료된 공문도 공람처리를 할 수 있습니다. 결재완료된 공문 중 공람처리를 할 공문에 체크 박스 한 뒤, [공람]버튼을 클릭하면 됩니다. 이후 과정은 결재완료 전 공문을 처리하는 방법과 동일합니다.

02 공람 그룹 설정방법

전체 교직원을 대상으로 공람하는 경우도 있지만, 특정 그룹에게만 공람하는 경우도 있습니다. 특정 과목 선생님이나 특정 학년 담임 선생님을 대상으로 하는 경우입니다. 그럴 때마다 한 명씩 선택해서 공람을 지정하는 것은 너무 번거로우니, 자주 공람 하는 그룹을 미리 설정해둘 수 있답니다. 시간도 아끼고, 공람이 필요한 선생님을 빠트리는 실수도 줄일 수 있어 유용합니다.

1) [K-에듀파인] 접속

K-에듀파인에 접속해 오른쪽 상단에 사람모양 버튼을 클릭합니다. 업무와 관련된 개인 설정을 할 수 있는 부분입니다.

아래와 같이 개인설정을 할 수 있는 창이 나오면 [개인수신그룹관리]를 들어갑니다.

개인설정	
개인정보관리	∨
부재정보관리	>
권한정보조회	>
설문조사참여	>
개인수신그룹관리	>
나의결재선관리	>
개인문서환경설정	>
개인환경설정	>
문서의견조회	>
포털게시물관리	>
시스템접속내역조회(개인)	>

[신규]버튼을 클릭하면 아래와 같은 화면이 나옵니다. 이제 내가 사용할 공람 그룹에 알맞게 내용을 설정해주면 됩니다.

① 수신그룹명

그룹 이름을 설정합니다. 직관적으로 바로 이해하기 쉬운 이름이 좋습니다. ○○ 학교 수학과, 전체 교원, 전체 교직원, 3학년부와 같은 방식으로 이름으로 설정합니다.

② 수신그룹유형

만든 그룹을 어느 업무에 사용할지 [공람]을 선택합니다. 공람 이외에도 문서, 메모, 일정, 내부메일 등도 있지만 다른 유형은 활용도가 적습니다.

③ 그룹대상 설정

내가 선택한 그룹에 맞게 대상을 선택합니다. 조직명에 학교이름을 검색해 선택합니다. '≫'버튼을 클릭해서 넣을 수도 있고, 해당 선생님의 이름을 더블클릭해도 들어갑니다.

2) 반영

저장을 한 뒤에 내가 사용하고자 하는 수신그룹을 체크한 뒤 '반영'을 클릭해야 합니다. 반영을 하지 않으면 나중에 사용할 수 없습니다.

이제 공람그룹 설정은 끝났습니다. 사용방법은 간단합니다. 문서를 공람할 때 '공람그룹'을 선택해 내가 공람하고자 하는 그룹을 선택해주면 됩니다.

03 공람문서 처리

업무현황 또는 K-에듀파인 메뉴에 있는 '공람' 탭을 통해 공람문서를 확인할 수 있습니다. 공람함은 금방 쌓이기 때문에 주기적으로 처리해야 합니다. 그래야 관리도 편하고, 필요한 공문을 놓치지 않습니다.

1) 개별 처리

공람된 문서를 하나씩 처리하는 것이 개별처리입니다. 공람문서를 클릭한 후에 '확인' 버튼만 누르면 처리가 완료됩니다.

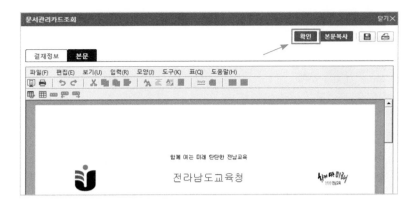

2) 한꺼번에 처리하기

이 많은 공문을 언제 다 처리할까요? 물론 한꺼번에 처리하는 방법이 있습니다. 공람문서 옆에 체크 박스에 나에게 필요 없는 공람문서를 모두 클릭한 뒤 '일괄처리' 버튼을 클릭해주면 여러 개의 공문을 손쉽게 처리할 수 있습니다.

공문 꿀팁

업무를 좀 더 효과적으로 할 수 있는 공문 관련 꿀팁을 소개합니다.

01 작년 공문 확인하는 법

업무를 하다 보면 이전 공문을 찾아야 할 일이 많습니다. 대개 1년 단위로 학교 업무가 비슷하게 반복되기 때문에 작년 공문을 참고하면 좋습니다.

1) 문서등록대장 접속

[K에듀파인] ➡ [문서관리] ➡ [문서함] ➡ [문서등록대장]을 선택합니다. 검색란에 펼치기 버튼을 누르면 검색 조건을 설정할 수 있습니다.

2) 검색하기

원하는 내용을 검색합니다. 이전 담당자 이름을 넣어서 검색할 수도 있고, 업무와 관련된 특정 단어를 넣어서 검색할 수도 있습니다. 기간은 1년 정도로 설정한 뒤 검색하면 필요한 내용을 찾을 수 있습니다.

기안(접수)자는 내부결재나 외부로 제출한 공문을 확인할 수 있고, 결재(담당)자는 외부에서 해당 선생님에게 배정된 공문을 확인할 수 있습니다.

02 반복 되는 공문이라면?

업무에 따라서 내용의 변동이 크게 없이 반복해서 작성되는 기안도 있습니다. 이런 경우에도 활용할 수 있는 소소한 팁이 있습니다.

1) 본문 복사

본문 복사란 공문에 있는 본문 내용을 복사하는 기능입니다.

복사하고자 하는 공문을 클릭하면 상단에 '본문 복사'라는 탭이 있습니다. 이것을 클릭하면 본문 내용을 그대로 복사할 수 있습니다. 그 다음 공문 작성에 들어가서 Ctrl + V하면 본문 내용을 그대로 가지고 올 수 있습니다. 본문복사는 내가 기안하거나, 결재하지 않은 공문도 가능합니다.

2) 재작성

재작성이란 공문을 다시 작성하는 것입니다. 결재가 완료되면 재작성이 가능합니다. 본문복사와 유사한 기능을 가지고 있지만, 본문복사와 달리 결재정보까지 그대로 복사해 온다는 것이 차이점입니다. 상황에 따라 재작성이나 본문복사를 적절히 활용하면 업무 시간을 효율적으로 줄일 수 있습니다. 재작성 방법은 간단합니다. 재작성하려는 공문에 들어가 재작성을 클릭해도 되고, 공문에 직접 들어가지 않고 바로 재작성을 클릭해 사용할 수도 있습니다.

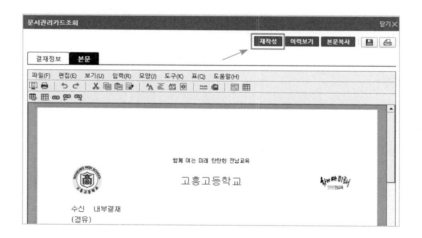

03 단축키 활용하기

우리가 사용하는 공문작성 시스템은 '한글'에 기반을 두고 있습니다. 덕분에 한글에서 사용하는 단축키들을 공문 작성하는 데 활용할 수 있습니다.

자세한 내용은 '17 한글 꿀팁'을 참고하세요.

04 학교 알리미 사이트 활용하기

학교 알리미사이트(https://www.schoolinfo.go.kr)는 학교에 대한 주요 정보들을 쉽게 확인할 수 있는 정보공시 사이트입니다. 우리 학교를 검색해보면 다양한 내용을 확인할 수 있습니다. 이전에는 업무를 어떻게 진행했는지, 다른 학교는 어떻게 하고 있는지 참고할 수 있습니다.(저는 주로 교과진도 운영계획, 교과 평가안을 작성하면서 작년도 내용이 필요할 때 이용합니다.)

05 정보공개포털 활용하기

기존에 학교에서 했던 업무를 맡았다면, 작년 공문을 찾아보면 됩니다. 문제는 올해 처음으로 시행되는 업무를 맡았을 때인데, 참고해야 할 공문 하나 없는 막막함과 두려움을 해결해 주는 유일한 방법은 정보공개포털을 이용하는 것입니다. 정보공개포털은 공공기관에 올라온 대부분의 공문을 확인할 수 있는 사이트입니다.

실제로 기업맞춤형교육과정이라는 특색 사업을 처음 맡아 운영한 적이 있었습니다. 그 때 정보공개포털에 있는 자료 검색을 통해 기안과 보고서 작성에 필요한 정보를 수집하고, 업무를 수월하게 마무리할 수 있었습니다.

정보공개포털을 이용하면서 중요한 것은 [상세 검색] − [검색범위] − [초중고등학교 포함]을 체크해주는 일!

검색하면 비공개 문서를 제외하고 관련 공문들을 검색해서 업무에 참고할 수 있습니다.

06 각종 매뉴얼

교육청에서는 효과적인 업무 추진을 위해 다양한 메뉴얼을 매년 보급하고 있습니다. 생각보다 알찬 정보가 많아 업무에 활용하면 큰 도움이 됩니다. 메뉴얼은 교육청 홈페이지나 교육청 업무포털에 '업무DB' 메뉴에 들어가면 다운 받을 수 있습니다. 인터넷에 '00메뉴얼'이라 검색해서 찾을 수도 있습니다. 대신, 매년 조금씩 변경되기 때문에 가급적 최신 자료를 참고하는 것이 좋습니다.

기안, 기초

작은 시골 중학교에 유일한 신규교사로 첫 발령을 받았을 때입니다. 연수원에서 기본적인 업무를 다 배워온다고 생각하셨던 부장님은 첫날부터 '선생님, 이거 기안 좀 해주세요.' 라고 이야기 하셨습니다. 당황하고 있던 찰나, 교무행정사님께서 알려주셔서 간신히 기안을 작성하긴 했지만, 정말 아찔한 경험이었습니다. 흔히 '모든 행정업무는 문서로 시작해서 문서로 끝난다.', '공문은 공무원의 얼굴이다.'라고 이야기 합니다. 그렇지만 학교에서는 구체적인 지침과 익숙해질 시간이 부족한 것 같아요. 잘하고 싶지는 않지만 못하고 싶지도 않은 우리에게 필요한 최소한의 내용들을 꼼꼼히 정리해 보았답니다.

01 결재라인 확인하기

문서를 결재하는 순서를 결재라인이라고 합니다. 문서의 내용과 종류에 따라 결재를 맡아야 하는 대상, 즉 결재라인이 달라집니다. 따라서 결재라인을 사전에 파악해두는 것이 필요합니다.

1) 일반 문서
▶ 본인(기안자) ➡ 부장교사 ➡ 교감 ➡ 교장

2) 재정문서

품의를 할 때는 학교마다 기준 금액에 따라 결재라인이 달라집니다. 예를 들어 30만원이 기준 금액이라면 30만원 이하는 교감까지, 30만원을 초과한 경우는 교장까지 결재라인에 포함 됩니다. 이때 행정실과 행정실장은 반드시 '협조'로 결재라인에 포함 되어야 합니다.

▶ 본인(기안자) ➡ 부장교사 ➡ 행정실(협조) ➡ 행정실장(협조) ➡ 교감(금액 이하)

▶ 본인(기안자) ➡ 부장교사 ➡ 행정실(협조) ➡ 행정실장(협조) ➡ 교감 ➡ 교장(금액 초과)

02 기안하는 법

업무를 하는 데 있어 가장 기본은 공문을 기안하는 일입니다. 처음에는 공문을 기안하는 일이 복잡하게 느껴지기도 하고, 평소에 쓰는 문서 형식과는 달라 실수도 종종 하게 될텐데, 너무 걱정하지 않아도 됩니다. 순서대로 따라 하다 보면 금방 익숙해진답니다.

1) K-에듀파인

[업무포털] ➡ [K-에듀파인]에 접속합니다.

2) 양식 정하기

[문서관리] ➡ [기안] ➡ [공용서식] 에 들어갑니다. 여기에서 기안할 공문 양식을 설정합니다. '표준서식(결재8인, 협조8인)'을 주로 사용합니다.

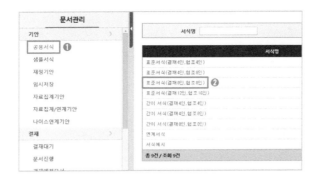

3) 결재정보 입력

① 제목

작성하고자 하는 공문의 제목입니다.

[가정통신문 발송], [─자료 제출], [연수 결과 보고], [─교육 실시 계획] 등으로 작성할 수 있습니다.

② 과제카드

공문을 분류하는 작업입니다. 공문 결재에서도 살펴보았듯이 돋보기 버튼을 클릭하면 나에게 배정된 과제카드를 확인할 수 있습니다. 작성하고 있는 공문과 관련된 과제카드를 선택합니다.

③ 대국민 공개여부

제9조(비공개 대상 정보)

① 공공기관이 보유·관리하는 정보는 공개 대상이 된다. 다만, 다음 각 호의 어느 하나에 해당하는 정보는공개하지 아니할 수 있다

1. 다른 법률 또는 법률에서 위임한 명령(국회규칙·대법원규칙·헌법재판소규칙·중앙선거관리위원회규칙·대통령령 및 조례로 한정한다)에 따라 비밀이나 비공개 사항으로 규정된 정보

2. 국가안전보장·국방·통일·외교관계 등에 관한 사항으로서 공개될 경우 국가의 중대한 이익을 현저히 해칠 우려가 있다고 인정되는 정보

3. 공개될 경우 국민의 생명·신체 및 재산의 보호에 현저한 지장을 초래할 우려가 있다고 인정되는 정보

4. 진행 중인 재판에 관련된 정보와 범죄의 예방, 수사, 공소의 제기 및 유지, 형의 집행, 교정, 보안처분에 관한 사항으로서 공개될 경우 그 직무수행을 현저히 곤란하게 하거나 형사피고인의 공정한 재판을 받을 권리를 침해한다고 인정할 만한 상당한 이유가 있는 정보

5. 감사·감독·검사·시험·규제·입찰계약·기술개발·인사관리에 관한 사항이나 의사결정 과정 또는 내부검토 과정에 있는 사항 등으로서 공개될 경우 업무의 공정한 수행이나 연구·개발에 현저한 지장을 초래한다고 인정할 만한 상당한 이유가 있는 정보. 다만, 의사결정 과정 또는 내부검토 과정을 이유로 비공개할 경우에는 제13조제5항에 따라 통지를 할 때 의사결정 과정 또는 내부검토 과정의 단계 및 종료 예정일을 함께 안내하여야 하며, 의사결정 과정 및 내부검토 과정이 종료되면 제10조에 따른 청구인에게 이를 통지하여야 한다.

6. 해당 정보에 포함되어 있는 성명·주민등록번호 등 「개인정보 보호법」 제2조제1호에 따른 개인정보로서 공개될 경우 사생활의 비밀 또는 자유를 침해할 우려가 있다고 인정되는 정보. 다만, 다음 각 목에 열거한 사항은 제외한다.

가. 법령에서 정하는 바에 따라 열람할 수 있는 정보

나. 공공기관이 공표를 목적으로 작성하거나 취득한 정보로서 사생활의 비밀 또는 자유를 부당하게 침해하지 아니하는 정보 다. 공공기관이 작성하거나 취득한 정보로서 공개하는 것이 공익이나 개인의 권리 구제를 위하여 필요하다고 인정되는 정보

라. 직무를 수행한 공무원의 성명·직위

마. 공개하는 것이 공익을 위하여 필요한 경우로서 법령에 따라 국가 또는 지방자치단체가 업무의 일부를 위탁 또는 위촉한 개인의 성명·직업

7. 법인·단체 또는 개인(이하 "법인등"이라 한다)의 경영상·영업상 비밀에 관한 사항으로서 공개될 경우 법인등의 정당한 이익을 현저히 해칠 우려가 있다고 인정되는 정보. 다만, 다음 각 목에 열거한 정보는 제외한다.
    가. 사업활동에 의하여 발생하는 위해로부터 사람의 생명·신체 또는 건강을 보호하기 위하여 공개할 필요가 있는 정보
    나. 위법·부당한 사업활동으로부터 국민의 재산 또는 생활을 보호하기 위하여 공개할 필요가 있는 정보
8. 공개될 경우 부동산 투기, 매점매석 등으로 특정인에게 이익 또는 불이익을 줄 우려가 있다고 인정되는 정보
② 공공기관은 제1항 각 호의 어느 하나에 해당하는 정보가 기간의 경과 등으로 인하여 비공개의 필요성이 없어진 경우에는 그 정보를 공개 대상으로 하여야 한다.
③ 공공기관은 제1항 각 호의 범위에서 해당 공공기관의 업무 성격을 고려하여 비공개 대상 정보의 범위에 관한 세부 기준(이하 비공개 세부 기준 이라 한다)을 수립하고 이를 정보통신망을 활용한 정보공개시스템 등을 통하여 공개하여야 한다.
④ 공공기관(국회·법원·헌법재판소 및 중앙선거관리위원회는 제외한다)은 제3항에 따라 수립된 비공개 세부 기준이 제1항 각 호의 비공개 요건에 부합하는지 3년마다 점검하고 필요한 경우 비공개 세부 기준을 개선하여 그 점검 및 개선 결과를 행정안전부장관에게 제출하여야 한다.

공문의 공개 여부를 결정하는 일입니다. 개인정보가 있거나 민감한 정보가 있는 경우는 '비공개'를 선택하고, 그렇지 않다면 '공개'를 선택합니다. '부분공개'는 주로 첨부파일에 민감한 정보가 있는 경우에 사용합니다.

대국민 공개여부를 '비공개'로 클릭하면 공개 제한 근거라고 하여 1호부터 8호까지 선택하는 부분이 있습니다. 보통 학교에서는 5호 또는 6호를 많이 사용합니다. 개인정보가 포함된 내용은 보통 6호, 재정·품의 문서는 5호를 선택합니다.

④ 결재경로

결재 라인을 확인한 뒤 해당하는 교사를 선택합니다.

⑤ 수신자지정

▶ 내부결재

수신자 지정이란 공문을 어디로 보낼지 정하는 일입니다. 수신자를 선택하지 않으면 학교 자체적으로 공문을 보관하는 데 이것을 '내부결재'라고 합니다.

▶ 외부결재

외부로 공문을 보낼 수도 있습니다. 교육지원과에서 왔다면 교육지원과로, 행정지원과에서 왔다면 행정지원과로 보내면 됩니다. 외부로 보내는 공문은 결재가 완료되면 '공문제출'을 클릭해주어야 해당 기관으로 공문이 발송되며 사전에 '자동발송'을 체크해두면 별도의 과정없이 발송됩니다.

⑥ 첨부

기안한 공문과 관련된 파일을 추가하는 부분입니다.

⑦ 결재 올림

본문 내용을 모두 작성한 후 결재 올림을 클릭한 뒤 확인 버튼을 누르면 기안이 완료됩니다.

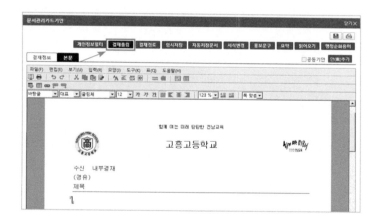

기안, 기본

앞에서 공문을 기안하는 전체적인 과정에 관해 이야기했다면, 이번에는 공문 기안에서 핵심이 되는 '본문 내용'을 작성하는 방법에 대해서 알아보겠습니다. 본문 내용을 작성하기 위해서는 정해진 규칙을 알고, 그 규칙에 맞게 본문 내용을 작성해야 합니다. 대부분 기존 기안을 그대로 옮겨 쓰기 때문에 간과하기 쉽지만, 몇 가지 규칙을 익히는 것만으로 기안 작성에 들이는 시간과 노력이 줄고, 정확하고 자연스러운 기안을 쓸 수 있습니다.

공문은 크게 내부 기안하는 경우와 교육청과 같은 상위 기관에 실적 등을 '보고'하는 경우로 나뉩니다.

01 내부결재 문서

내부 기안하는 경우 제목, 관련, 내용, 붙임을 포함해서 간단하게 작성하면 됩니다.

수신 내부결재
(경유)
제목 2023. 0000 계획수립

1. 관련: 교육복지과-0000(2023.00.00.)
2. 2023. 00 계획을 붙임과 같이 수립하여 실시하고자 합니다.

붙임 2023학년도 0000 계획서 1부. 끝.

▶ 문서를 외부로 보낼 때는 수신자를 따로 지정해줘야 합니다.

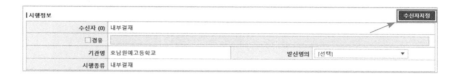

▶ 수신자지정 버튼을 누르면, 새로운 창이 열리는데, 이때 행안부유통 탭을 클릭해서 공문을 보내준 곳을 검색하고 입력하면 됩니다.

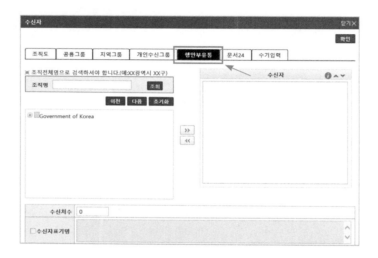

▶ 대외문서 기안은 보통 다음과 같이 작성합니다.

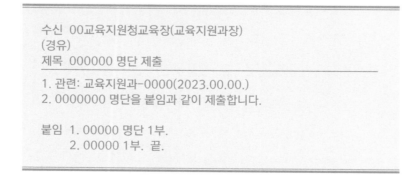

수신 00교육지원청교육장(교육지원과장)
(경유)
제목 000000 명단 제출

1. 관련: 교육지원과-0000(2023.00.00.)
2. 0000000 명단을 붙임과 같이 제출합니다.

붙임 1. 00000 명단 1부.
　　 2. 00000 1부. 끝.

03 대외 문서(행정안전부 소속이 아닌 경우)

행정안전부 소속이 아닌 경우, 그러니까 검색해도 안 나오는 경우에는 직접 작성해야 합니다. 수기입력 탭에 들어가 수신자를 입력할 수 있습니다. 결재가 완료되면 기안을 팩스나, 메일 등의 방법으로 발송하면 됩니다.

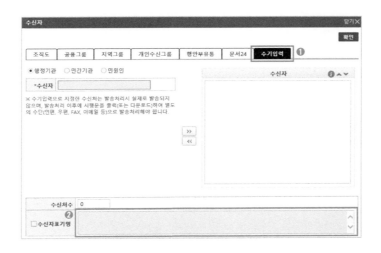

수신 00교육지원청교육장(교육지원과장)
(경유)
제목 000000 명단 제출

1. 귀 기관의 무궁한 발전을 기원합니다.
2. 0000000 명단을 붙임과 같이 제출합니다.

붙임 1. 00000 명단 1부.
      2. 00000 1부. 끝.

04 공문작성 규칙

1) 본문의 내용

육하원칙에 따라 간단하고 명료하게 작성하는 것이 원칙입니다.

2) 본문의 제목

개최, 의뢰, 요청, 신청, 회신, 조사, 위촉, 제출, 실시, 계획 등으로 작성할 수 있습니다.

> [예시] −연수 이수 현황 제출
> [예시] −프로그램 운영 결과보고서 제출
> [예시] −프로그램 운영 물품 구입
> [예시] 2023. 감염병(독감) 확산 예방을 위한 출석인정(12월)
> [예시] 취업역량강화를 위한 전문가 특강 강사수당 지출

3) 본문의 시작

기안의 근거를 밝히는 것으로 시작합니다. 기안의 근거란 내가 현재 작성하고 있는 공문에 이유가 되는 공문입니다. 처음 작성하는 기안이나, 근거 기안이 없는 경우 예시처럼 표기할 수도 있습니다. 관련 뒤에 호는 쓰지 않습니다.

> [예시] 1. 관련: 2023. 00고등학교 학교육계획 00쪽
> [예시] 1. 관련: 호남원예고등학교−12508(2023. 11. 30.)
> [예시] 1. 귀 기관의 무궁한 발전을 기원합니다.(대외시행일 때)

4) 본문의 내용 작성

본문의 내용을 작성할 때는 제목을 그대로 이용하는 경우가 많습니다. 보통 '제출합니다.', '보고합니다.', '상신합니다.', '협의 내용은 다음과 같습니다.', '실시하고자합니다.', '시행하고자 합니다.', '결과가 아래와 같습니다.', '붙임과 같이 제출합니

다.' '협조하여 주시기 바랍니다.' 와 같은 표현을 사용합니다.

5) 문서의 내용 구분

문서의 내용을 둘 이상의 항목으로 구분할 필요가 있으면 다음 구분에 따라 순서대로 표시하되, 필요한 경우에는 ㅁ, ㅇ, -, ·등과 같은 특수한 기호로 표시할 수 있습니다.

> [예시] 1. 2. ➡ 가. 나. ➡ 1) 2) ➡ 가) 나) ➡ (1) (2)

6) 띄어쓰기

첫째 항목은 띄어쓰기 없이 바로 내용을 시작합니다. 둘째 항목부터는 2칸 띄어쓰기를 합니다. (∨는 1칸 띄어쓰기를 뜻합니다 = 스페이스 바 1번)

> [예시] 1.∨○○○○○○○○○○○
> ∨∨가.∨○○○○○○○○○○○
> ∨∨∨∨1)∨○○○○○○○○○○○○○

7) 공문 정렬

항목이 한 줄 이상인 경우는 항목 내용의 첫 글자에 맞추어 정렬합니다. 'Shift+Tab'키를 사용하면 정렬할 수 있습니다. 예시와 같은 경우 '2' 앞에 커서를 두고 'Shift+Tab'을 사용하면 정렬됩니다.

1. 2023학년도 00고등학교 연수를 개최하고자 합니다.	1. 2023학년도 00고등학교 연 　 수를 개최하고자 합니다.

8) 문서의 마무리

▶ 문서가 끝났을 때는 마지막 문장의 2칸을 띄우고 '끝.'자를 씁니다. '끝'이라는

말 뒤에 마침표를 찍습니다. 붙임은 보통 본문 다음에 한 줄 띄어 씁니다.

▶ 붙임파일이 있는 경우는 붙임파일을 표시한 뒤 2칸 띄우고 '끝.'자를 씁니다.

▶ 붙임이 하나인 경우는 숫자를 붙이지 않고, 하나 이상인 경우는 숫자를 붙입니다. 붙임 뒤에는 부수를 나타냅니다.

[예시] 붙임∨∨계획서 1부.∨∨끝.

[예시] 붙임∨∨1. 계획서 1부.
　　　　　　2. 참고 자료 1부.∨∨끝.

▶ 본문이 표로 끝나면 표 아래 왼쪽 기본선에서 2칸 띄우고 '끝.' 표시를 합니다.

[예시]

2. 자격증 취득 현황을 다음과 같이 보고합니다.

연번	학년반	내용	개수	비고
1	3-1	원예기능사 외 5종목	12개	
2	3-2	워드프로세서 외 6종목	13개	

∨∨끝.

기안, 심화

기안의 기초와 기본을 익히셨다면 이제 어려움 없이 기안을 작성할 수 있습니다. 대부분의 기안은 앞서 언급한 규칙과 예시 안에서 모두 해결이 됩니다. 심화편은 학교마다 편차가 있기에 조금 더 자세한 내용이 요구되는 경우 필요한 내용들입니다.

제목 2023년 제2차 전문교과 연수 개최
1. 관련: 호남원예고등학교–1925(2023.5.7.)
2. 2023년 제2차 전문교과 연수를 개최하고자 합니다.
　가. 일시: 2023. 5. 17.(수)~5. 18.(목) (1박 2일)
　나. 장소: 1층 협의회실
　다. 참석대상: 전문교과 부장, 식물자원조경 교사
　라. 안건
　　　1) 포장 운영 계획
　　　2) 현장실습 운영 계획

붙임 전문교과 포장 운영계획서 1부. 끝.

01 숫자의 표기

1) 연월일

연월일의 글자를 생략하고 마침표를 찍어 표기합니다.

　예시 2023년 11월 11일 ➡ 2023. 11. 11.

2) 날짜

날짜를 나타낼 때 십 미만에는 월, 일에 0을 넣지 않습니다.

[예시] 2023.05.07. ➡ 2023. 5. 7.

3) 기간

기간을 나타날 때는 물결표(~)를 쓰는 것이 원칙이고, 물결표는 앞말과 뒷말에 붙여 씁니다. (-)표시도 사용은 가능합니다.

[예시] 10.28-29 ➡ 10. 28.~10.29.

4) 금액

▶ 금액을 나타내는 단위 '원'은 앞말과 띄어 씁니다.

[예시] 9,355천원 ➡ 9,355천 원

▶ 금액을 표시할 때에는 아라비아 숫자로 쓰되, 숫자 다음에 괄호를 하고 한글로 기재합니다. (최근에는 한글 표시를 생략하는 경우가 많습니다.)

[예시] 금113,560원(금일십일만삼천오백육십원)

5) 연도

연도를 표시할 때 앞자리를 생략해서 쓸 때는 '로 대신합니다.

[예시] 23. 1. ➡ '23. 1.

6) 시간

시간은 24시각제에 따라 작성합니다. 시, 분의 글자는 생략하고 쌍점(:)을 찍어 구분합니다.

[예시] 오후 3시 40분 ➡ 15:40

7) 쌍점(:)

쌍점(:)은 앞말에 붙이고 뒷말과는 한 칸을 띄어 씁니다. 시간을 나타낼 때는 앞뒤를 붙여서 씁니다.

[예시] 일시 : 2023. 5. 17. ➡ 일시: 2023. 5. 17.

관련 : 00고등학교-1925(2023.5.7.) ➡ 관련: 00고등학교-1925(2023.5.7.)

02 파일을 첨부하는 법

1) 한글 문서인 경우.hwp

▶ 결재자가 붙임 파일을 열었을 때, 첫 번째 페이지가 보이는 것이 기본입니다.

▶ 한글 파일을 작성하다 보면 몇 번의 수정을 거치고 저장하게 되는데, 이런 경우 대개 파일이 중간에서 열리게 됩니다.

▶ 마지막으로 첫 페이지를 수정한 후, 첫 페이지에 커서를 두고 저장합니다. 그렇게 하면 파일을 열었을 때 첫 번째 페이지가 보여, 깔끔한 인상을 줍니다.

2) 엑셀문서인 경우.xlsx

▶ 한 페이지에 내용이 다 담기는 경우, 1번 사진 보다(흰색 셀이 보이는 경우) 2번 사진(여백이 없는 경우)의 내용이 더 명료하게 보입니다.

▶ [보기] – [통합 문서 보기] – [페이지 나누기 미리 보기]를 체크한 후 저장하면 2번 사진과 같이 보입니다.

3) PDF문서인 경우.pdf

▶ 스캔한 파일을 첨부하는 경우 용량이 10MB가 넘어가서 첨부가 안 될 때 있습니다. 그럴 때는 프로그램 다운로드 없이 간단하게 해결할 수 있습니다. small PDF, iLovePDF 등의 프로그램을 이용해서 쉽게 용량을 줄일 수 있습니다. (네이버에 검색하면 홈페이지가 나옵니다.)

▶ 단점이라면, 둘 다 유료 프로그램이라 한 번당 이용할 수 있는 횟수가 2번 내외인데, 프로그램을 같이 이용하면 가능한 횟수 내에서 충분히 활용할 수 있습니다.

▶ 알PDF라는 프로그램을 다운받는 방법도 있습니다. 위의 프로그램과 마찬가지로 용량 줄이기, 파일 변환, 파일 합치기 등등 PDF와 관련된 다양한 작업을 할 수 있습니다. 무료지만 개인 컴퓨터에서만 사용이 가능합니다.

품의, 기초

필요한 물건을 구입하기 위해서 작성하는 공문이 '품의'입니다. 주어진 예산을 확인하고, 교육과정을 운영하는데 필요한 물품을 확인해서 공문을 기안하고, 물품이 오면 검사 검수까지 하는 일련의 과정이 모두 품의에 해당합니다.

01 나에게 책정된 예산 확인하기

업무를 추진하기 위해서는 나에게 배정된 예산이 얼마나 되는지를 미리 확인해야 합니다. 배정된 예산을 정확하게, 모두 소진하는 것도 중요한 일입니다.

1) 예산 확인하는 법

[K-에듀파인] ➡ [업무관리] ➡ [학교회계] ➡ [사업관리카드] ➡ [사업관리카드(담당)]을 클릭하면 나에게 배정된 예산을 확인할 수 있습니다.

간혹 필요한 예산이 나에게 배정이 되지 않은 경우가 있습니다. 이런 경우에는 행정실 담당자에게 연락해 예산 배정을 요청합니다.

02 예산 정리하기

학교 일이 바쁘다 보면 12월에, 행정실의 재촉에 못 이겨 품의를 위한 품의를 해야 하는 경우도 생기지만, 되도록 미리 계획한 대로 필요한 물품을 구입할 수 있도록 차분히 준비해서 11월까지는 예산을 소진하는 것이 좋습니다. 품의하고 결재가 날 때마다 엑셀로 정리해 두면 편리합니다. 한가지 유의할 점은 품의한 가격과 실제 구입 가격에 차이가 있을 수 있기 때문에 실제 구입 가격으로 정리해 놓아야 합니다. 예산이 많지 않은 경우에는 교무수첩에라도 꼭 적어놓고 기한에 마쳐 소진할 수 있도록 합니다.

2023. 업무 집행계획

2023-11-29   정미정

교육분야	세부교육과정	항목	계획 금액	세부집행내역	집행금액	집행일자	잔액	비고
창업농 교육부	직업계고 현장실습 운영비	프로그램개발비	1,000,000				1,000,000	교육청 지원예산
		기업발굴비	1,000,000				1,000,000	
		연수비	500,000				500,000	
		인건비	3,000,000				3,000,000	
		순회지도비	1,000,000				1,000,000	
		협의회	500,000				500,000	
		기타(보험비)	400,000				400,000	
	현장실습생 안전지원 사업비	안전화	300,000				300,000	교육청
		실습복	300,000				300,000	
		보호용품	200,000				200,000	
	노동인권교육	강사수당	2,800,000	2023 산업안전보건 및 노동인권교육 실시(1차)	2,000,000		200,000	교육청
				2023 신입안전보건 및 노동인권교육 실시(1)	600,000			
	취업역량강화사업	교육운영비	1,000,000				1,000,000	(이월)
전문 교육부	실험실습	실습포장운영물품	2,000,000	딸기 모종	300,000		1,700,000	
			14,000,000		2,900,000		11,100,000	

(숫자는 임의로 작성했습니다.)

31

품의, 기본

01 품의 기안

1) 학교회계 접속

[K-에듀파인] ➡ [업무관리] ➡ [학교회계]를 클릭합니다.

2) 품의등록

[업무메뉴] ➡ [사업담당] ➡ [품의등록]에 들어가 품의내용을 작성합니다.

3) 내용작성

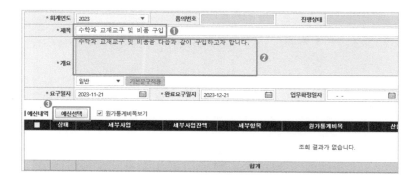

▶ 제목

품의하려고 하는 내용의 제목을 적습니다.

▶ 개요

구체적인 내용을 적는 부분입니다. 공문작성처럼 형식에 맞춰서 작성하기도 하지만, 간단히 작성하는 경우도 많습니다.

▶ 예산 선택

예산 선택이란 어떤 예산에서 돈을 쓸 것인지를 선택하는 부분입니다. 예산 선택 버튼을 클릭하면 나에게 배정된 예산을 확인하고 선택할 수 있습니다.

▶ 품목 내역

품목내역은 구매 물품에 대한 정보를 구체적으로 입력하는 부분입니다. '내용'에는 지출하려고 하는 항목의 이름을 적고, 수량을 적은 뒤, 한 개당 가격을 '예상단가'에 적어주면 됩니다. 예상 금액은 자동으로 계산됩니다. 적어야 하는 항목이 많다면 '행추가' 버튼을 눌러 추가합니다.

▶ 간단한 버전

회계연도	2023	품의번호		진행상태	
제목	NCS 채소재배 실습물품 구입				
개요	NCS 채소재배 실습물품을 다음과 같이 구입하고자 합니다.				
요구일자	2023-11-30	완료요구일자	2023-12-30	보조금지출여부	

▶ 자세한 버전

회계연도	2023	품의번호		진행상태	
제목	2023. NCS 채소재배 교과 실습물품 구입				
개요	1. 관련: 호남원예고-7890(2023. 9. 21.) 2. 2023. NCS 채소재배 교과 실습에 필용나 물품을 구입하고자 합니다. 　가. 품목: 립살리스 외 5종 　나. 금액: 300,000원 붙임 지출품의서 1부. 끝.				
요구일자	2023-11-30	완료요구일자	2023-12-30	보조금지출여부	

4) 저장 및 결재요청

내용을 모두 작성하고 상단에 있는 '저장' 버튼을 클릭하면 끝입니다. 이제 결재요청을 하면 됩니다. 저장 버튼을 클릭하면 '결재요청'버튼이 활성화됩니다. 버튼을 클릭한 뒤 공문 기안할 때처럼 결재라인에 맞게 설정한 뒤 결재를 요청하면 됩니다. 결재가 완료되면 물건을 구입할 수 있습니다.

저장을 하고 결재를 올리려는 순간 오타를 발견했습니다. 수정하려고 품의를 여는데 수정이 안 됩니다. 어떻게 해야 할까요?

[업무관리]로 들어갑니다. [기안] – [재정기안]에 들어가면 작성해둔 품의가 보입니다.

네모 상자에 체크한 후, [반송] 버튼을 눌러 아래와 같은 창이 열리면 간단히 품의 수정이라고 반송의견을 작성하고 확인을 누르면 반송됩니다.

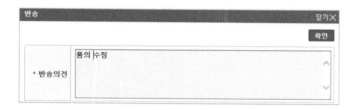

그 다음, [학교회계]에 들어가면 좀 전에 작성한 품의를 다시 수정할 수 있습니다.

03 구매는 어떻게 해야 할까?

　품의도 마무리 하고, 결재가 완료되었습니다. 이제 필요한 물품을 구매해야 합니다. 필요한 물품은(학교에서 이용하는) 쇼핑몰 장바구니에 담아두면 행정실에서 결제해줍니다. 학교장터를 이용하는 방법도 있습니다. S2B물품검색 버튼을 누르면 사이트가 나오는데, 필요한 물품을 찾아 선택하면 바로 목록이 추가되어 편리합니다. 물론 오프라인에서 결제를 할 때도 있습니다.

04 물건 구매 후

　물건 결제까지 완료되었다면 이제 증빙 자료인 품의 공문, 거래 내역서, 카드 전표를 행정실 주무관님에게 제출하면 됩니다. 거래내역서와 카드전표는 구입한 사이트에서 찾아 출력하면 됩니다.

　학교 카드로 직접 결재를 한 경우라면 공문과 영수증을 제출하면 됩니다. 이때 영수증은 구매한 구체적인 목록이 나와야 합니다. 구매항목이 나오지 않는 영수증이라면 매장에 부탁해 '간이 영수증'을 받아야 합니다.

▶ 예시_ 견적서

견 적 서

○○고등학교　귀하	**사업자 등록번호**	123-45-67890
2023년 2월 22일	**상호** ○○문구　**성명** 정 미 정 (인)	
아 래 와　같 이　견 적 합 니 다.	**사업자 소재지**	순천시 00길 000
일금:　백 이 십 만　원정	**연락처**	010-0000-0000
₩ 1,200,000	**계좌번호**	농협 : 000-0000-0000-00 예금주: ㈜ ○○문구

품명	수량	단위	단가	금액	비고
교재비	20	명	50,000	1,000,000	
볼펜	20	명	10,000	200,000	
합　계				1,200,000	

05 검사 검수

구입한 물건의 단위 가격이 크거나, 증빙이 필요하거나, 기타 이유로 행정실에서 검사 검수 요청을 할 때가 있습니다. 물건이 요구한 규격과 품질에 맞는지 확인해 달라는 요청입니다.

▶ 품의한 물건이 학교에 도착해서 확인하고, 행정실에서 검사 검수 요청을 하면, [학교회계] - [계약관리] - [검사검수요청목록] 으로 들어갑니다.

▶ 품의를 선택한 후 검사검수처리 하면 됩니다.

▶ 검사검수일은 검사검수요청일과 동일하게 지정합니다. 물품이 요청일보다 늦게 온 상황이라면 물품 확인 날에 맞춰 입력하면 됩니다.

성립전 예산

대부분의 예산은 미리 배정되지만, 학기 중에 교육청 특색 사업으로 매년 반복되는 공모사업이나, 새로운 지원 사업이 생기는 경우 예산이 늦게 들어오는 경우도 종종 있습니다. 이때 예산을 미리 사용하기 위해 행정실에 예산 편성을 요청하는 일이 성립 전 예산 요청입니다.

01 성립전 예산 요청

간단히 이야기 하면, 현재 돈은 없지만 곧 들어올테니 돈을 쓸 수 있도록 행정실에 요청하는 것입니다.

특색 사업을 공모하라는 ① 공문이 내려오면, ② 운영 계획을 제출합니다. 교육청에서 검토 후 ③ 계획 승인 및 예산 교부 하겠다는 공문을 또 보내줍니다. ④ 이때 해야 하는 일이 성립전 예산 집행 요구서 작성과 내부결재 기안을 올리는 일입니다.

예산 관련 부분이기 때문에 행정실에서 먼저 예산 요구서 양식을 보내주면 작성해서 제출하거나 기안을 하면 되는데, 학교와 교육청마다 서식과 방법이 다르기 때문에 부장님과 행정실과 상의해서 진행하면 됩니다. 아래 예시는 제가 사용했던 요구서 양식과 내부결재 기안문으로 이해하기 쉽도록 조금 수정하였습니다. (숫자는 임의로 작성했습니다.)

▶ 예산 요청 내부 기안

수신 내부결재
(경유)

제목: 2023. 전남 직업계고 취업역량지원 운영 사업비 성립전 예산 요구서

1. 관련: 미래인재과−1234(2023.3.21.)
2. 2023. 전남 직업계고 취업처 발굴 및 취업역량지원 운영 사업비 교부에 따라 사업 추진
   을 위해 성립전 예산 집행을 요구합니다.

   가) 성립전 예산집행 요구서

(단위: 천원)

과목			교부액	기예산 편성액	성립 전 예산집행 결정액	비고
정책 사업	단위 사업	세부사업				
선택적 교육활동	직업교육	직업교육 운영	1,000	0	1,000	

   나) 예산 요구 내역

(단위: 천원)

세부사업	세부항목	산출내역	금액	비고
직업교육운영	직업교육운영	출장비	500	
		협의회비	500	

끝.

▶ 성립전 예산집행 요구서

성립전 예산집행 요구서
(취업처 발굴 사업비)

(단위: 천원)

과목				소요액	기예산 편성액	성 립 전 예산집행 결 정 액	재원 구분	비고
정책 사업	단위 사업	세부 사업	세부 항목					
선택적 교육 활동	직업 교육	직업 교육 운영	직업 교육 운영	1,000,000	0	1,000,000	목적 사업비	

□ 성립 전 예산 집행을 필요로 하는 사유
　○ 전라남도교육청 미래인재과-1234에 의거 2023. 전남 직업계고 취업처 발굴 및 취업역량지원 운영 사업비가 교부되어 추가 경정예산에 편성하여 집행하여야 하나, 집행시기가 촉박하여 부득이하게 성립 전 예산 집행을 하고자 함.

(단위 : 원)

기예산액	성립전 예산편성 요구액	예산총액	기지출액	금회집행예정액	잔액
0	1,000,000	1,000,000	0	1,000,000	0

□ 성립 전 예산집행 구체적 내역

순번	항목		예산내역 및 산출기초	금액(원)	비고
1	취업처 발굴 사업	신규 업체 발굴 및 관리 운영	출장비 50천원 * 5명 * 2회	500,000	
		협의회비	25천원 * 10명 * 2회	500,000	
		계		1,000,000	

복무, 기초

복무란 교사의 근무상황을 나타냅니다. 학교에서는 복무를 자주 제출하게 됩니다. 조퇴, 외출 뿐 아니라 출장, 초과근무, 연가 등 종류도 참 다양합니다. 자주 사용할 복무 종류와 주의깊게 살펴볼 필요가 있는 복무의 세부적인 내용에 대해 알아보겠습니다.

01 복무 종류

- ▶ 병가: 몸이 아플 때 쓰는 휴가
- ▶ 연가: 일상적 의미의 휴가
- ▶ 공가: 특별한 사유가 있을 때 쓰는 휴가
  건강검진, 예비군 훈련 등에서 공가를 사용합니다. 자연재해 같은 이유로 학교를 못가게 되는 경우도 공가 처리됩니다.
- ▶ 특별휴가: 임신이나, 결혼 등 특별한 사유가 있을 때 내는 휴가
- ▶ 41조 연수: 방학 기간 재택근무를 위한 법적 근거입니다.
- ▶ 관내출장: 학교가 있는 지역 내로 출장을 가는 경우
- ▶ 관외출장: 학교가 있는 지역 외로 출장을 가는 경우
- ▶ 외출: 근무 시간 중간에 학교 밖으로 나갔다 들어오는 일입니다.
- ▶ 조퇴: 근무 시간 중간에 학교 밖으로 나갔다가 조퇴는 바로 퇴근을 하고, 외출은 다시 돌아온다는 차이가 있습니다.

▶ 지각: 정해진 출근 시간 보다 학교에 늦게 가게 되는 경우에는 지각을 내야 합니다. '지참'이라는 용어에서 '지각'으로 바뀌었습니다.

▶ 초과근무: 정해진 근무시간을 초과해서 근무를 할 때 내는 복무입니다.

02 복무 내는법

복무는 주로 '개인근무상황관리', '개인초과근무관리', '개인출장관리'를 이용합니다. 복무를 내기 위해서는 [나이스] ➡ [복무]로 들어가 해당되는 메뉴를 클릭하면 됩니다. 각 메뉴에 따른 복무 내는 방법은 다음과 같습니다.

1) 개인근무상황관리

개인 개인근무상황관리는 연가나 조퇴, 지각, 근무지 내 출장 등을 내는 곳입니다. 복무에서 '개인근무상황신청'를 클릭하면 아래와 같은 화면이 나옵니다. 내용을 모두 작성한 뒤 승인요청을 클릭합니다.

① 근무상황

근무상황은 어떤 복무를 낼 것인지 선택하는 항목입니다. 연가, 공가, 지각, 조퇴, 41조 연수 등 필요한 복무 내용을 선택합니다.

② 기간

'언제', '몇 시간' 동안 복무를 낼 것인지를 작성합니다. 근무지 내 출장을 내는 경우라면 이동하는 시간까지 포함해서 시간을 설정합니다.

③ 사유

복무를 내려는 사유를 작성합니다. 연가의 경우 사유를 선택할 수 있기 때문에 1호~9호 중 하나를 선택하면 됩니다. 조퇴나 외출 등의 복무는 상황에 따라 사유를 작성하면 됩니다. '차량점검', '은행업무', '개인용무' 등으로 기재합니다.

④ 비공개여부

복무를 내면 일일근무상황조회에 복무 내용이 나옵니다. 이 부분은 다른 교사들도 확인할 수 있는 부분으로 복무에 따라 민감한 부분이 있을 수도 있으니, 상황에 따라 '기간' 혹은 '사유'를 비공개 처리할 수 있습니다.

연가, 휴가

01 연가

교사의 연가는 일반적인 직장인의 연가와는 느낌이 조금 다릅니다. 쉬고 싶다고 평일에 편하게 쓰기는 조금 어렵고, 특별한 사유가 있을 때만 쓰도록 되어 있습니다. 여기서 특별한 사유란 기일, 간호, 장례식, 자녀의 입영일 등이 있지만, '기타 상당한 이유가 있다고 소속 학교의 장이 인정한 경우'라는 조항이 있어, 개인적인 특별한 사유가 있다면 보통 학교장에게 찾아가 연가사용 허락을 구한 뒤 사용합니다.

방학 중 해외여행을 갈 때 연가를 사용하는 경우도 많습니다. 방학이더라도 41조 연수를 낸 것이기 때문에 해외를 가기 위해서는 별도의 복무 절차가 필요합니다. 뒤에 언급할 '공무외 국외연수'를 이용할 수도 있지만, 짧은 기간의 해외여행 같은 경우는 연가를 사용하기도 합니다.

1) 연가일수

연가는 재직기간에 따라 일수가 조금씩 늘어납니다. 재직기간에 따른 연가일수는 다음과 같습니다.

재직기간	연가일수
1개월 이상 1년 미만	11일
1년 이상 2년 미만	12일
2년 이상 3년 미만	14일
3년 이상 4년 미만	15일
4년 이상 5년 미만	17일
5년 이상 6년 미만	20일
6년 이상	21일

지각, 조퇴 등도 연가일수에서 차감되기 때문에(시간 단위로 차감) 남은 연가일수를 중간중간 확인할 필요가 있습니다.

2) 연가 팁

▶ 연가는 1월 1일~12월 31일까지 1년단위로 운영되며, 사용하지 연가는 저축되지 않습니다.

▶ 외출, 조퇴 등도 연가에 해당됩니다. 사용한 시간을 합해 8시간이 되면 연가 1일에 해당됩니다.

▶ 연가는 반일 단위로 사용이 가능하며, 반일 단위 연가는 4시간으로 계산됩니다.

▶ 교사는 연가보상비를 받을 수 없습니다. 따라서 아끼지 말고 사용하는 것이 좋습니다.

▶ 사용하려는 연가가 부족하면 내년 연가를 당겨서 쓰는 것은 가능합니다. 재직기간에 따라 미리 사용할 수 있는 연가 일수가 정해져 있습니다.

재직기간	미리사용가능한 연가일수
6월 미만	3일
6월 이상 ~ 1년미만	4일
1년 이상 ~ 2년 미만	6일
2년 이상 ~ 3년미만	7일
3년 이상 ~ 4년미만	8일
4년이상	10일

02 특별휴가

1) 경조사휴가

본인, 자녀, 배우자 등의 경조사가 있을 때 사용할 수 있는 휴가입니다.

구분	대상	일수
결혼	본인	5일
	자녀	1일
출산	배우자(한 번에 둘 이상의 자녀를 출산한 경우)	10(15)일
사망	배우자, 본인 및 배우자의 부모	5일
	본인 및 배우자의 조부모·외조부모	3일
	자녀와 그 자녀의 배우자	3일
	본인 및 배우자의 형제·자매	1일
입양	본인	20일

2) 출산 휴가

임신하거나 출산한 공무원이 사용할 수 있는 휴가로, 출산 전 후에 90일을 사용할 수 있습니다. 이때 출산 후의 휴가기간이 45일 이상이어야 됩니다. 단, 한 번에 둘 이상의 자녀를 임신한 경우에는 출산휴가를 120일 사용할 수 있으며 이때 출산 후의 휴가기간은 60일 이상입니다.

03 이외에

▶ 여성보건휴가: 생리기간 중 휴식을 위하여 매달 1일 사용 가능합니다.

▶ 모성보호시간: 임신중 1일 2시간 범위에서 사용 가능합니다. (단, 최소 근무시간이 4시간 이상이어야 하며 충족하지 못한 경우 연가로 처리됩니다.)

모성보호시간은 육아시간과 중복해서 사용할 수 없습니다.

▶ 육아시간: 5세 이하의 자녀를 가진 경우 2년 범위에서 1일 2시간의 육아시간을 사용할 수 있습니다. (단, 최소 근무시간이 4시간 이상이어야 하며 충족하지 못한 경우 연가로 처리되며, 육아시간을 사용한 날에는 근무시간 전, 후에 시간외 근무를 사용할 수 없습니다.)

복무, 초과근무

일과 시간 이외에 추가로 일을 하게 되는 경우 '초과근무'로 복무를 냅니다. 초과근무를 신청하는 방법은 다음과 같습니다.

01 초과근무 내는 법

복무를 내기 위해서는 우선 나이스 '복무'메뉴에서 '개인초과근무신청'을 클릭합니다. 내용을 모두 작성한 뒤 승인요청을 클릭합니다.

1) 초과근무신청

① 초과근무일자

초과근무를 하려는 날짜를 뜻합니다.

② 초과근무시간

초과근무를 얼마나 할 지 작성하는 부분으로, 초과근무는 하루 최대 4시간 까지 낼 수 있습니다. 4시간을 초과해서 복무를 내는 것은 상관 없지만 4시간 까지만 인정됩니다. 이때 주의할 점은 복무를 낸 시간에서 1시간은 휴게시간으로 제외가 된다는 것입니다. 예를 들어 복무를 17:00~21:00로 냈다면 실제 시간은 4시간이지만 휴게시간 1시간을 제외한 3시간만 초과근무 시간으로 인정됩니다. (4시간 인정을 받기 위해서는 17:00~20:00으로 내야 합니다.) 휴일의 경우 휴게시간을 제외하지 않기 때문에 09:00~13:00로 복무를 올렸다면, 4시간 그대로 인정이 됩니다. 대신, 복무에 반드시 '휴일'을 체크해야 합니다.

③ 해야 할 일

초과근무를 하는 시간 동안 어떤 업무를 할지 적는 부분으로, '구체적'으로 작성해야 합니다.

36 복무, 출장

　많이 헷갈려 하는 부분이 '개인출장관리'입니다. 출장은 앞에서 언급했듯이 '관내출장'과 '관외출장'으로 나뉩니다. 복무를 내는 방법은 이전 내용들과 큰 차이는 없지만, 유의해야 할 부분이 몇 가지 있습니다.

01 출장 내는 법

　[나이스] ➡ [복무] ➡ [개인출장관리] ➡ [신청]을 클릭하면 아래와 같은 화면이 나옵니다. 내용을 모두 작성한 뒤 승인요청을 클릭합니다.

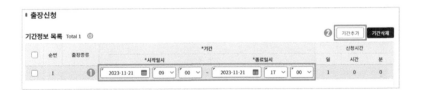

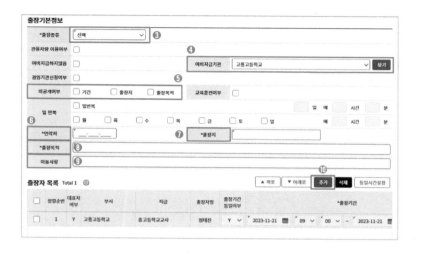

① 기간, ⑦ 출장지, ⑥ 연락처(전화번호),

출장 가는 기간과 목적지, 개인 연락처를 씁니다.

② 기간추가

기간만 다른 같은 목적에 출장을 한꺼번에 낼 수 있는 기능입니다. 복무 내용을 추가할 수 있습니다.

③ 출장종류

출장종류는 국내출장(관외), 국외출장, 관내출장 총 세가지입니다.

④ 여비지급기관

여비지급은 학교에서 지급하는 경우가 많지만 출장을 주관하는 기관에서 여비를 지급하는 경우도 있습니다. 이때는 여비지급기관을 수정하거나 '여비지급하지않음'을 선택해야 합니다. 여비를 지급하지 않음을 클릭한 경우 개인 통장으로 여비가 지급됩니다. 보통 출장을 요청하는 공문에 어떻게 복무를 내야 하는 지 나와 있습니다.

⑧ 출장목적

출장을 가게 되는 사유를 적습니다. 보통 공문에 의해 출장을 가는 경우가 많기 때문에 공문 제목을 적절히 수정해 적는 경우가 많습니다.

(예시) 000 협의회 참석, 생활기록부 기재연수 담당자 연수 참여)

⑨ 이동사항

이동사항은 내가 어떤 공문에 의거해 출장을 가게 되는지 적는 부분입니다. 이 부분은 선생님들이 가끔 실수하는 부분입니다. 저자도 처음 발령받았을 때, 이동 사항이라는 내용만 보고 '자동차', '버스' 중에서 고민을 했던 기억이 있습니다. 공문 제목을 적는 것은 아니며 공문 아래에 있는 '공문번호'를 적으면 됩니다.

(예시) 교육지원과 – 0000(2024.00.00))

⑩ 추가(동행자)

출장의 성격에 따라 한 명이 다른 선생님들과 함께 일괄적으로 출장을 내게 되는 경우가 있습니다. 이때는 추가버튼을 클릭해 해당 선생님들을 추가해 상신하면 됩니다.

02 복무 유의사항

1) 결재라인 확실히 파악하기

복무는 어떤 복무인지에 따라 결재라인이 세분화 되어 있는 경우가 많습니다. 따라서 내려고 하는 복무의 결재라인이 어떻게 되는지 정확히 파악하는 것이 중요합니다.

2) 이동사항에 유의하기

관외출장을 갈 때 '이동사항'이 헷갈리는 경우가 많습니다. 교통수단인 '승용차', '기차' 등으로 쓰지 않고, 출장의 근거가 되는 공문의 '공문번호'를 꼭 적도록 합니다.

3) 시간에 유의하기

이동하는 시간도 복무에 포함되기 때문에 넉넉하게 시간을 설정합니다. 그래야 혹시나 이동 중 발생하는 사고에 대해서도 보장을 받을 수 있습니다. 만약 연가나, 41조 연수처럼 하루를 통째로 복무를 내게 되는 경우는 09:00~17:00로 학교 출, 퇴근 시간에 맞춰서 복무를 내면 됩니다. 탄력근무제를 하는 학교라면 08:30~16:30처럼 학교에서 정한 시간에 맞춰서 복무를 내면 됩니다.

여비정산서

출장을 다녀오면 행정실에 여비정산서를 제출해야 합니다. 학교마다 양식은 조금씩 차이가 있지만 작성하는 내용은 비슷합니다.

01 여비정산신청서

여비정산신청서

소 속	OO고등학교		직 급 (직위)	교사	성 명	정태진
출 장 일 정	일 시	2024. 00. 00.				
	출 장 지 (시·군명)	전라남도교육청	출 장 근 거	교육연구과-0000(2024.00.00.)		
			출 장 목 적	자료개발 협의회 참석		
숙박비	상한액 또는 지급받은 금액		실제 소요액	−	초과지출 사 유	숙박 제공여부 ( )박
식 비	지급받은 금액		실제 소요액	−	초과지출 사 유	식사 제공여부 ( )식
운 임	일 자	교통편	출발지	도착지	등 급	금 액
	2024. 00. 00.	자가용	고흥	무안		
	2024. 00. 00.	자가용	무안	고흥		
연료비						
	계					

「공무원여비규정」제16조 제1항 및 제2항의 규정에 의하여 관계서류를 첨부하여 위와 같이 여비의 정산을 신청합니다.

첨 부 하이패스 영수증

2024년 00 월 00 일

신 청 인 성 명 정 태 진 [서 명]

① 목적지

출장 가는 목적지를 작성합니다. 전라남도교육청(전남 무안)처럼 되도록, 목적지와 장소를 함께 기입해주는 것이 좋습니다.

② 출장근거

출장에 근거가 되는 '공문번호'를 적습니다. 관외출장에 이동사항을 적는 것과 같은 맥락입니다.

③ 출장 목적

공문 제목을 잘 요약해서 출장을 가게 된 목적을 작성합니다.

　예시　'00연수 참석', '00 회의 참석', '수학여행 사전답사'

④ 출발지와 도착지

출발지는 선생님 학교가 있는 지역, 도착지는 출장을 가는 지역을 쓰면 됩니다. 돌아올 때는 반대로 작성합니다. 교통편은 경우에 따라 자가용, 동승, 기차 등으로 기입할 수도 있습니다.

⑤ 첨부

출장을 다녀온 내용을 증빙하는 부분입니다. 출장지역에 있는 주유 영수증이나 그 지역으로 갈 때 찍히는 하이패스 영수증을 출력해 여비정산서와 함께 행정실에 제출하면 됩니다. 대중교통을 이용한다면 대중교통 영수증을 제출하면 됩니다. 단, 택시는 불가하니 참고바랍니다.

02 여비 규정

여비정산서를 제출하면 행정실에서 확인 후 공무원 여비 규정에 맞게 지급해줍니다. 물론 학교 예산에 따라 감액해서 지급되는 경우도 종종 있어요. 일반적인 기준은 다음과 같습니다. (학기 초에 행정실에서 학교 상황에 따른 기준을 보내주실 거에요.)

공무원 여비 규정 [시행 2023. 3. 2.] [대통령령 제33312호]

구분	지급		비고
근무지내 출장	4시간 미만: 10,000 4시간 이상: 20,000		– 별도의 여비는 지급하지 않음
근무지외 출장	운임	철도: 실비(일반실)	
		선박: 실비(2등급)	
		항공: 실비	

		자동차: 실비	– 동승자는 운임을 지급하지 않음
			– 고속도로 통행영수증,
			  주유소에서 결제한 신용카드
			  매출전표 등의 서류

	숙박비	실비 상한액: 서울특별시 100,000 광역시 80,000 그 밖의 지역 70,000	
	식비	1일당, 25,000	
	일비	1일당, 25,000	

03 하이패스

저는 출장을 다녀오면 하이패스 영수증을 많이 사용합니다. 주유는 깜빡하거나, 차에 기름이 가득 차있는 경우도 많거든요. 요즘은 대부분 차량에 하이패스가 달려 있기 때문에 영수증은 홈페이지에서 간단히 출력할 수 있습니다.

1) 하이패스 홈페이지 접속(www.hipass.co.kr)

하이패스 홈페이지에 접속합니다. 처음 이용한다면 회원가입 및 차량을 등록합니다.

2) [사용내역 조회]를 클릭합니다.

홈페이지 메인 화면에 '자주찾는 서비스'에 [사용내역 조회]가 있습니다. 이 부분을 클릭합니다.

3) 영수증 출력

| 사용내역

총 7건 / 총액 17,160원 (선택 2건 / 금액 3,600원) 단위 : 원

	No	거래일시	하이패스 카드	카드별칭	차종	입구영업소	출구영업소	이용차로	거래금액	청구일자
☑	7	2023/11/25 18:31:29	[후불] 0150-****-****-9994		1종	남순천	고흥	후불Hi-pass	1,800원 🔍	2023/11/27
☑	6	2023/11/25 12:12:21	[후불] 0150-****-****-9994		1종	고흥	남순천	후불Hi-pass	1,800원 🔍	2023/11/27
☐	5	2023/11/17 07:58:36	[후불] 0150-****-****-9994		1종	남순천	고흥	후불Hi-pass	1,360원 🔍	2023/11/19
☐	4	2023/11/10 14:57:36	[후불] 0150-****-****-9994		1종	고흥	남순천	후불Hi-pass	1,700원 🔍	2023/11/12
☐	3	2023/11/03 17:33:49	[후불] 0150-****-****-9994		1종	고흥	남순천	후불Hi-pass	1,700원 🔍	2023/11/05
☐	2	2023/11/01 17:19:26	[후불] 0150-****-****-9994		1종	서영암	벌교	후불Hi-pass	4,400원 🔍	2023/11/03
☐	1	2023/11/01 13:06:40	[후불] 0150-****-****-9994		1종	벌교	서영암	후불Hi-pass	4,400원 🔍	2023/11/03

🖨 인쇄   📊 엑셀출력   영수증 전체 출력   영수증 선택 출력

출장을 다녀온 시간의 하이패스 내역을 클릭한 뒤 '영수증 선택 출력'을 클릭한 뒤 인쇄합니다.

41조 연수

41조 연수란 재택근무를 할 수 있도록 하는 교육공무원법상 근거입니다.

> 제41조(연수기관 및 근무장소 외에서의 연수) 교원은 수업에 지장을 주지 아니하는 범위에서 소속 기관의 장의 승인을 받아 연수기관이나 근무장소 외의 시설 또는 장소에서 연수를 받을 수 있다. [교육공무원법]

언제 41조 연수를 사용할 수 있을까요? 주말이나, 공휴일이 아닌데도 학교를 가지 않게 되는 날을 생각해보면 됩니다. 방학과 재량 휴업일이 대표적이며 재난 상황에 학교가 갑작스럽게 휴교를 하게 되는 경우도 41조 연수를 씁니다. ('휴교'는 학교가 쉬기 때문에 학생 교사 모두 학교에 가지 않지만, '휴업'인 경우는 수업을 하지 않기 때문에 학생들만 등교하지 않습니다.)

따라서 "선생님, 41조 연수 내세요!" 라고 하면 학교에 안 나오는 날짜를 기준으로 상신하면 됩니다. 복무는 '개인근무상황신청'에서 냅니다. 이때 목적지는 집 주소, 지역 일대, 근처 도서관 정도로 적습니다.

국외자율연수

꿈 같은 방학 기간에 해외여행을 가고 싶은 건 당연한 일입니다. 이 시간을 위해 한 학기를 달려왔다라고 해도 과언이 아니죠. 다만, 방학이라고는 해도 공무원 신분이기에 해외여행을 가기 위해서는 연가(휴가)를 내고 해외여행을 다녀와야 합니다. 연가일수는 한정적인데 어떻게 긴 기간 여행을 다녀올 수 있냐고요?

01 국외자율연수

이런 고충을 위해 사용할 수 있는 것이 국외 자율연수입니다. 연수로 해외여행을 가가게 되면 연가일수 차감 없이 해외여행을 다녀올 수 있습니다. 단, 연수로 가는 것이기 때문에 여행 계획에 대한 사전 내부결제가 필요합니다. 사후 연수에 대한 결과보고서 제출이 필요한 경우도 있습니다. 계획에는 교과 수업 준비와 관련된 장소나 활동이 포함되어야 합니다. 지역별로 양식이 조금씩 다르기 때문에 이전 선생님이 내신 연수 공문을 참고하면 도움이 됩니다.

02 내부 기안

수신 내부결재
(경유)

제목 2023. 국외자율연수 계획서 제출

1. 관련: 교원인사과-12345(2023. 1. 2.)
2. 2023학년도 국외자율연수 계획서를 붙임과 같이 제출하고자 합니다.

연번	이름	일자	연수 방문국	비고
1	정O정	2024. 1. 12.(금)~ 1. 23.(화) (12일간)	일본	

붙임 국외자율연수 계획서(정O정) 1부. 끝.

국외자율연수 계획서

소속	○○ 고등학교	직위(급)	교사	성명	정 미 정

연수목적	일본 문화 답사 및 교수 · 학습자료 수집
기간	2024. 1. 12. ~ 2024. 1. 23. (12일간)
연수 구분	○ 교직단체가 주관하는 연수 ( ) ○ 해외 교육기관의 초청( ) ○ 개인의 학습자료 수집 (V) ○ 기타 ( )
비상연락	본인 로밍 전화번호 : 010-0000-0000 국내 친척 연락번호 : 010-0000-0000

월 일	출발지	도착지	연수기관명 (방문기관)	연수 내용	비고
1월 12일	대한민국 인천	일본 후쿠오카	후쿠오카 공항	인천-후쿠오카 이동 (13:00-15:00)	
1월 12일 ~22일	일본 후쿠오카, 오사카		후쿠오카, 오사카 일대 문화탐방	일본의 문화 유산 탐구 및 체험 활동	
1월 22일 ~23일	일본 오사카	대한민국 인천, 순천	오사카 공항 인천 국제공항	오사카-인천 이동 (16:00-18:00)	

연수 효과 (개조식으로 기술)
○ 일본 문화탐방을 통해 유의미한 교수학습 자료 수집. ○ 일본의 농업적 특징과 환경을 조사하고, 우리나라 농업 문화와 비교 분석해봄으로써, 농업 교사로서의 전문성 신장. ○ 다양한 문화에 대한 경험과 이해를 통해, 존중과 조화로운 태도 견지.

본인은 위 계획서에 기재된 내용이 사실이며, 국외여행을 함에 있어서 국가의 위신을 손상시킴이 없이 선량한 대한민국 국민으로서 행동하며 국법을 위반하는 일이 없을 것을 서약합니다.

2024년 1월 2일

연수자 성명 정 미 정 (인)

결재 라인

사소하지만 업무 시간을 줄여주는 일, 실수를 줄여주는 일이 바로 결재 라인을 설정하는 일입니다. 이렇게 작은 일들을 해결해 일상을 정돈하는 것만으로도 업무 생활이 단정해 집니다.

01 결재라인 지정

복무 낼 일은 많은데, 복무마다 주관하는 업무부서가 다르다 보니 결재 라인이 미묘하게 달라 헷갈리는 일이 많습니다.(심지어 저는 같은 이름의 다른 학교의 선생님을 선택해서 전화를 받는 민망한 일도 있었습니다.)

개인 결재선지정이란 복무의 종류에 맞게 미리 결재라인을 저장해두고 복무를 낼 때는 이것을 선택만 하면 되는 기능입니다. 한 번 설정해두고 클릭만 하면 결재 라인이 그대로 들어오기 때문에 복무 상신하는 일이 편해집니다.

02 결재라인 등록방법

1) 개인결재선 등록

[나이스 접속] ➡ [상신함] ➡ [개인결재선등록]을 클릭합니다.

2) 결재선 지정

① 등록

등록버튼을 클릭한 다음 결재선 이름을 등록합니다. 41조 연수, 관내출장, 조퇴 등 복무를 기준으로 이름을 만들어두면 편리합니다.

② 결재자지정

결재자 지정을 클릭하면 내가 지정한 결재선에 맞게 결재자 명단을 저장할 수 있습니다. 결재라인에 맞는 교사들을 지정해야 합니다.

③ 실제 사용방법

개인 결재선을 등록했으면 잘 활용해야겠죠? 복무를 낼 때 결재자를 지정하는 단계에서 '개인결제선'을 클릭합니다. 여기에서 지정해둔 결재선중 하나를 클릭하 면 끝입니다.

원격업무 시스템(EVPN)

간혹, 퇴근을 하고 나서 급하게 업무를 처리해야 하거나, 방학으로 학교 출근을 하지 않을 때는 원격으로 업무를 처리해야 합니다. 그런데 집에서는 보안상의 이유로 업무포털이나, 나이스를 바로 사용할 수 없없고, '원격업무시스템(EVPN)'을 통해서만 업무를 볼 수 있습니다. 원격업무시스템 접속을 사전에 신청해두면, 집에서도 자유롭게 업무를 처리할 수 있습니다. 방학 전에 발급받는 경우가 많지만, 가급적 학기 중에 미리 신청해두는 것이 좋습니다.

01 발급방법

원경업무시스템(EVPN)은 나이스로 사전에 결재를 받아야 사용할 수 있습니다.

[나이스] ➡ [나의 메뉴] ➡ [원격업무지원서비스(EVPN)] ➡ [신규]에 들어가 내용을 작성합니다.

① 사용기간

사용기간은 EVPN을 사용할 수 있는 날짜입니다. 신청할 수 있는 최대 기간이 6개월입니다. 기본 세팅은 3개월로 설정되어 있기 때문에 수정해서 6개월로 신청합니다. 자주 신청하는 건 귀찮은 일입니다.

② VPN패스워드

원격업무시스템 접속 시 사용하는 패스워드입니다.

③ 보안서약서

보안서약서를 클릭한 뒤에 동의하면 됩니다.

④ 요청사유

'재택업무를 위한 신청' 혹은 '원격 업무처리를 위한 신청' 정도로 작성합니다.

모든 내용을 작성했다면 '저장' 합니다.

02 접속방법

원격으로 업무를 처리하기 위해서는 우리가 원래 사용하던 업무포털 주소로는 접속을 할 수가 없습니다. 별도의 사이트를 통해 경유해서 들어가야 합니다.

- 강원교육청 : https://evpn.kwe.go.kr
- 경기교육청 : https://evpn.goe.go.kr
- 경남교육청 : https://evpn.kwe.go.kr
- 경북교육청 : https://evpn.gbe.go.kr
- 광주교육청 : https://evpn.gen.go.kr
- 대전교육청 : https://evpn.dje.go.kr
- 대구교육청 : https://evpn.dge.go.kr
- 전남교육청 : https://evpn.jne.go.kr
- 전북교육청 : https://evpn.jbe.go.kr
- 부산교육청 : https://evpn.pen.go.kr

- 서울교육청 : https://evpn.sen.go.kr
- 세종교육청 : https://evpn.sje.go.kr
- 울산교육청 : https://evpn.use.go.kr
- 인천교육청 : https://evpn.ice.go.kr
- 충남교육청 : https://evpn.cne.go.kr
- 충북교육청 : https://evpn.cb.go.kr
- 제주교육청 : https://evpn.jje.go.kr

접속을 했다면 나이스 아이디와 신청할 때 작성한 vpn 패스워드를 입력해 주면 업무포털과 나이스 등을 이용할 수 있습니다. 단, 로그인 할 때 교사 인증서가 필요합니다.

03 로그인이 잘 안될 때

원격업무 시스템 로그인이 잘 안되는 경우, 시도해 볼 만한 방법이 몇 가지 있습니다.

- ▶ MicrosoftEdge에 접속합니다.
- ▶ evpn 홈페이지 창을 제외한 다른 인터넷 창이 켜져 있다면 모두 닫습니다. 다른 인터넷 창이 열려 있으면 접속이 잘 되지 않습니다.
- ▶ 홈페이지에서 팝업창으로 뜨는 내용은 모두 설치해야 합니다.
- ▶ wifi로 접속해 봅니다.
- ▶ 인터넷을 관리자권한으로 실행합니다.
  (인터넷 아이콘 오른쪽 버튼 눌러서 관리자권한으로 실행 클릭)
- ▶ 인터넷 방화벽 설정을 확인합니다.
- ▶ 컴퓨터를 재부팅 합니다.

42

업무메일

공문으로 전달하기 어려운 경우, 교육청 단위 홍보, 업무지원요청, 연수 소개 등의 이유로 교육청에서 업무 메일을 보내거나, 메신저 사용이 어려운 주말이나 방학의 경우 학교에 자료를 보낼 때도 가끔 사용합니다. 일반적으로 사용하는 네이버나 구글 이메일과 기능은 크게 다르지 않기 때문에 사용에는 큰 어려움이 없습니다.

01 업무메일

1) 업무메일 들어가기

나의 업무현황 혹은 K-에듀파인에 들어가 '내부메일'메뉴를 클릭합니다.

2) 메뉴 확인

업무메일도 일반 이메일과 유사합니다. 대신, 첨부할 수 있는 파일의 용량이 적고 (10MB), 같은 교육청에 소속되어 있는 사람에게만 메일을 보낼 수 있다는 것이 차이입니다.

내부메일	기능분류	자료집계	
메일작성	임시보관함	메일함	메일관리
		미확인수신메일함	메일함관리
		수신메일함	내부메일설정
		발신메일함	
		개인메일함	
		차단메일함	
		휴지통	

3) 메일 작성

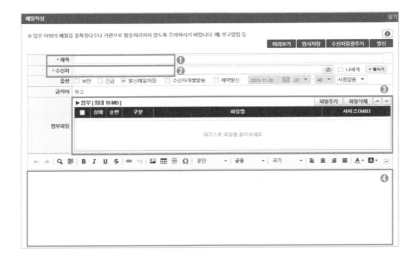

① 메일의 제목을 작성하는 부분입니다.

② 메일 받는 사람을 지정하는 부분입니다. 메일 주소는 필요하지 않고, 이름을 검색하면 교육청에 소속되어 있는 교직원이 표시됩니다. 좀 더 상세하게 검색을 하고 싶다면 수신자 옆에 사람모양 버튼을 클릭해 작성하면 됩니다.

③ 첨부파일을 업로드 하는 부분입니다. 마우스로 바로 첨부파일을 넣을 수도 있으며, 최대 첨부파일 용량은 10MB입니다.

④ 메일 내용을 작성하는 부분입니다.

감사

감사는 구성원의 행동과 업무에 문제가 있는지 조사하고 감독하는 것으로 교육청에서 단위 학교에 대해서 정기적으로 진행합니다. 때로는 해야 할 일을 헤아리기보다 하지 않아야 할 일을 정리해보는 것이 일의 명료함을 드러내기도 하기에, 교육청 홈페이지에 공개된 종합감사 결과를 기준으로 근무 중에 어떤 부분을 유념하고 꼼꼼히 확인해야 할지 살펴보겠습니다.

01 감사 결과 처분

감사결과 처분은 신분상 처분, 행정상 처분 및 재정상 처분으로 구분되며, 신분상 처분은 아래의 기준에 따르고 있습니다.

1) 주의
감사결과 위법 또는 부당하다고 인정되는 사실이 있으나 그 정도가 경미한 경우

2) 경고
행정착오 또는 과실 등으로 위법하거나 부당한 행위라고 인정되나 징계사유에는 해당되지 않는 경우

3) 징계

국가공무원법과 지방공무원법 및 사립학교법 그 밖의 법령에 규정된 징계사유에 해당하는 경우

02 감사 지적 사항, 주의

예산은 적정 집행되었는지, 복무의 소홀함은 없는지, 학생 평가는 정확한지 등 업무 전반과 관련해 감사를 받습니다. 부끄럽지만 저 역시 주의를 받은 경험이 있습니다. 몰라서, 부주의해서라고 이야기 할 수는 있겠지만 부끄러운 마음은 없어지지 않습니다. 누구나 실수는 할 수 있지만 같은 실수는 반복하지 않도록, 또 정확하게 알고 처음부터 실수하지 않을 수 있도록 이 내용들이 도움이 되면 좋겠습니다. 전라남도교육청 고등학교 종합감사결과(2023년 1월~2022년 1월)를 발췌해서 실제 현장에서 자주 발생할 수 있는 사례들을 모아봤습니다.

1) 회계

① 강사 수당 지급 소홀

방과후 수업 지도일지를 작성할 때 지도 날짜가 정확해야 합니다. 본인의 출장이나 재택 근무, 조퇴 등과 겹쳐서 지도할 수 없음에도 지도 일지에 교육을 실시한 것으로 작성해서는 안 됩니다.

2) 복무

① 휴가(공가) 사용 소홀

건강검진을 사유로 공가를 승인받았을 경우 허가 기간에 건강검진을 실시하여야 하고, 부득이한 사유로 건강검진을 못 받았을 경우에는 공가를 취소하고 근무를 하거나 연가를 사용하여야 하며, 공가를 재신청하거나 공가일을 실제 검진일로 변경해야 합니다.

② 복무(병가) 사용 부적정

연간 누계 6일까지는 진단서의 제출 없이도 병가를 사용할 수 있으나, 병가일이 7일 이상인 경우와 병가의 누계가 6일을 초과하게 되는 경우에는 의사의 진단서를 첨부해야 합니다.

3) 학사

① 미인정결석 학생 관리 소홀

학교장과 담임교사는 정당한 사유 없이 3일 이상 미인정결석하는 학생에게 출석을 독촉하는 내교통지서를 발송해야 합니다. 또한 7일 이상 미인정결석하는 학생에 대하여 그 현황을 교육행정정보시스템(NEIS)을 통해 등록·제출해야 하고, 개인별관리카드를 작성하여 관리해야 합니다.

② 학업중단학생 학교생활기록부 기재 등 학적관리 소홀

재학 중 학적 변동이 발생한 경우, 학적 변동사유를 '특기사항'란에 입력하고, 자퇴, 퇴학, 제적, 휴학의 경우 학적 반영일을 기준으로 창의적 체험활동의 누가기록과 이수시간, 행동특성 및 종합의견을 기록해야 합니다. 학적변동 당일까지를 수업일수에 산입하도록 하고 학적을 새로 부여받은 자의 당해 학년 수업일수는 원적교의 당해 학년 수업일수와 합산하되, 중복되는 기간의 수업일수는 제외해야 합니다.

③ 학교생활기록부 기록 소홀

학년이 종료된 이후에는 당해 학년도 이전의 학교생활기록부 입력 자료에 대한 정정은 원칙적으로 금지하나, 객관적인 증빙자료가 있는 경우에는 반드시 정정내용에 관한 증빙자료를 첨부하여 정정의 사유, 정정내용 등에 대하여 학교 학업성적관리위원회의 심의 절차를 거친 후 학교생활기록부 정정대장의 4단 결재[담임교사(업무 담당자) − 담당부장 − 교감 − 교장] 절차에 따라 재학생은 정정 사항의 발견 학년도 담임교사, 졸업생은 업무 담당자가 정정 처리해야 합니다. 4단 결재가 필수입니다. (2단 결재, 3단 결재 모두 지적 사항)

④ 학교생활기록부 작성 부적정

창의적 체험활동은 각 영역별 특성을 고려하여 학생이 실제로 활동하거나 참여한 내용을 직접 관찰·평가하여 누가 기록해야 합니다. 아울러 어떠한 사유든지 참여하지 않은 시간은 제외해야 합니다.

⑤ 기타결석 학생 인정 절차 미 준수

기타결석으로 처리하는 경우는 다음과 같습니다.

> ▶ 부모 및 가족봉양, 가사조력, 간병 등 부득이한 개인 사정에 의한 결석임을 학교장이 인정하는 경우
> ▶ 공과금 미납을 사유로 결석하는 경우
> ▶ 기타 합당한 사유에 의한 결석임을 학교장이 인정하는 경우

기타결석 학생에 대해 학교장 인정 절차(학교장 내부결재)를 거쳐야 하며, 1일이라도 출결 특기사항에 사유를 기록해야 합니다.

⑥ 수행평가 운영 소홀

수행평가는 교과협의회에서 수행평가의 영역·요소·방법·횟수·세부기준(배점)·반영비율 등이 포함된 계획을 수립하고 학업성적관리위원회 심의를 거쳐 사전에 학생·학부모에게 이를 안내해야 합니다. 담당 교사가 임의로 세부 기준을 변경하여 운영해서는 안 되고 학업성적관리위원회 심의 등 변경 절차를 꼭 거쳐야 합니다.

⑦ 학교장 허가 교외체험학습 운영 부적정

체험학습 출석 인정기간은 국내·외를 막론하고 연간 10일 이내의 범위에서 실

시 가능합니다. 교외체험학습이 출석학습으로 인정받기 위해서는 실시 3일 전까지 학부모가 신청하고, 반드시 학교장 승인(내부결재) 후에 가능하며 사후 보고서는 실시 후 7일 이내에 담임교사에게 제출해야 합니다.

⑧ 지필평가 문제 출제 부적정

평가문제는 타당도, 신뢰도, 객관도 및 변별도를 높이도록 출제하고, 공정한 평가를 위하여 전년도 출제 문제를 그대로 출제하는 일이 없도록 해야 합니다.

⑨ 지필평가 서술형 문항 출제 부적정

학업성적관리규정에 명시되어 있는 서술형 평가 비율 – 예를 들어, 지필평가를 실시하는 과목은 정기고사 시 매 지필평가 배점의 20% 이상을 서술형 평가 문항으로 출제– 을 지켜 시험을 출제해야 합니다. 서술형 문항과 단답형 문항은 다릅니다.

⑩ 지필평가 서술형 문항 채점 소홀

서술형 문항 중에 부분 점수가 있는 경우 서술형 문항 채점기준표를 작성하여 채점에 따른 객관성과 신뢰성을 확보합니다. 채점기준표와 다르게 학생 답안지가 채점되어서는 안됩니다.

⑪ 지필평가 자료 관리 소홀

출제 파일 및 평가 관련 자료를 보관할 때 평가 자료(출제 원안, 정답지 등) 파일에 비밀번호를 설정하고, 출제 파일 및 평가 관련 자료를 일반 USB, 개인용 USB, 컴퓨터 본체에 저장하지 않고 비밀번호가 설정된 휴대용 저장매체(USB, 외장하드 등)를 이용하여 관리해야 합니다. 업무 담당자 주의 사항이지만, 교사들이 시험 출제할 때도 보안 부분은 철저히 관리해야 합니다.

CHAPTER 3

학급
경영

담임 서식

매년 반복되는 일상이지만, 2월이 되면 가슴이 두근두근 합니다.

어떤 반을 맡게 될지, 어떤 학생들을 만나게 될지, 모든 게 다 불확실하지만 이럴때 일수록 필요한 내용들을 천천히 정리해보면서, 올해 학급 운영을 어떻게 할지 고민해 보는 시간을 가져보는 것도 좋을 것 같습니다. 그럼 마음도 차분히 가라앉고, 3월이 되어서도 허둥대지 않을 수 있거든요.

평소 사용하는 서식들을 모아 봤습니다. 인터넷 검색과 선배 선생님께 받은 자료들을 조금씩 수정하면서 발전시키고 있습니다. 처음부터 새롭고 완벽하게 해야겠다고 생각하면 너무 부담이 큽니다. 잘하려는 마음보다는 놓치지 말아야 할 것에 집중하면서, 학급의 상황과 교육 철학에 맞게 수정해서 편하게 사용하면 좋겠습니다.

01 학생 신상카드

최근에는 개인정보 보호의 중요성이 증대되면서 지나치게 많은 정보 요청은 지양하고 있습니다. 또, 부모의 직업과 경제 수준 등 학생이 불편하다고 느낄만한 내용도 역시 조심스럽게 접근해야 할 것 같습니다. 저는 사전에 항목들에 대해 충분히설명하고, 원치 않으면 기록하지 않아도 된다는 점을 함께 이야기 해줍니다. 기본정보만 확인한 다음, 개인적이고 세부적인 내용은 상담을 통해 작성합니다. 저는 A5크기의 학생신상카드를 만들어서 작성하게 한 다음 업무수첩에 끼워놓고 상담 자료로 활용합니다.

▶ 학생신상카드

1			성명	한글		생년월일	
				한자		이메일	
			주소				
			휴대폰				
			취미/관심			특기	

친구	이름				
가족 사항	관계	성명	연령	연락처	기타

나는	이런 것을 좋아해요
	이런 것을 잘해요
	이런 습관을 고치고 싶어요

성격	

진로	분야	구체적
	진학 취업	

하고 싶은 이야기	고민이 있어요
	선생님은 이런 분 같아요
	하고 싶은 이야기가 있어요
	선생님께 부탁드려요

02 학습환경 조사서

교육은 학생들과 교사와 학부모가 한 팀이 되어 이루어 나가는 공동체 과정이라는 생각이 듭니다. 설문을 통해 간단하지만 학부모의 교육 참여 기회를 제공하고, 학생들의 건강 상태나 특별히 관심을 기울여야 하는 부분들을 사전에 파악하는 것이 지도에 도움이 됩니다. 물론, 제출하지 않거나 학생이 대신해서 작성하는 경우도 있지만, 이런 경우에도 부모님의 교육 참여도를 간접적으로 확인할 수 있는 정보가 됩니다.

▶ 학생 학습환경 조사서

이 설문은 학생들과 교사, 학부모님이 한마음이 되어 학생의 학교생활과 성장 발달을 알차게 가꾸기 위해 꼭 필요한 자료입니다. 바쁘시더라도 꼼꼼히 살펴보시고 솔직하게 써주시면 자녀 지도에 큰 도움이 될 것입니다. 이 자료를 통하여 학생들을 좀 더 가까이 이해하고 사랑하는 담임이 될 수 있도록 협조 부탁드립니다.

학년반번호			이름			보호자 성함		
가족		이름	나이	직업(선택사항)		휴대폰번호		문자통신

학교의 전달사항이 있을 경우 학부모님들께 문자로 자세한 사항을 알려드리고자 합니다. 한 분을 택하신 후 문자통신 란에 ○체크해 주십시오.

아이가 바라는 장래 희망		부모님이 바라는 장래 희망	
취미/관심 분야		특기/자랑거리	
성격(장단점)			
나누고 싶은 이야기	경제 상황, 학습지도, 생활 습관, 건강 상태나 특별히 관심을 가져야 할 부분 등을 적어주시면 자녀 지도에 유념토록 하겠습니다. 담임에게 하고 싶은 이야기를 남겨주세요.		

03 학부모님께 드리는 편지

가정방문 혹은 교육과정 설명회 전에는 학부모님을 따로 뵐 일이 거의 없습니다. 특히나 코로나 전후로는 더 어려워진 상황입니다. 만남에 앞서, 담임편지를 통해 교사의 소개와 교육 철학, 교실 운영 방안과 진로지도 방향에 대해 간단히 안내합니다. 신학기 초 학부모가 겪을 불안에 대한 예방책이기도 하지만 덕분에 담임 교사와 학교 현장에 대한 신뢰도가 생겨서, 일 년간 한 팀으로써 일관성 있게 반을 운영하는 데 큰 도움이 된답니다. 더불어 편지를 작성하면서(물론 매번 정해진 형식에 사소한 수정을 하는 정도지만) 올 한해 어떤 철학과 가치관을 가지고 학생들을 지도해야 할지 차분하게 고민하고 정리하는 시간을 갖습니다.

연번	시기	내용
1	3월 개학~2주	첫 담임 편지를 씁니다. 보통 학습환경 조사서와 함께 보냅니다.
2	5월 1~2주	어버이날 행사를 통해 학생들이 쓴 편지와 함께 두 번째 담임 편지를 회신합니다.
3	7월 2~3주	1학기 기말고사 결과와 함께, 방학에 학생들이 집에서 해야 할 과제, 당부 내용 등을 함께 전합니다.
4	12월 2~3주	기말고사가 마무리 되면, 결과와 함께 일 년 동안 학생들과 함께 했던 경험을 나누고, 학부모님께 감사의 인사 를 전하는 것으로 마무리합니다.

▶ 예시 편지

3학년 1반 학부모님께 드리는 글

우리 아이들의 말간 얼굴만큼이나, 화창한 봄날입니다. 학부모님 가정에 언제나 행복과 건강함이 넘치기를 기원합니다. 안녕하세요, 저는 올해 3학년 1반 담임을 맡은 정미정입니다.
새로운 환경 속에서 적응해야 할 아이들의 마음과 걱정과 기대로 아이들의 학교생활을 궁금해하실 부모님의 마음을 짐작하기에, 이렇게 편지로 먼저 인사드립니다.

제가 학급 운영을 하면서 가장 중요하게 여기는 점은 3가지입니다.
첫째, 책임입니다. 아이들이 책임감을 갖고 맡은 일에 최선을 다하며, 적성에 맞는 진로를 선택하여 노력할 수 있도록 지도하겠습니다.
둘째, 공평입니다. 저는 아이들의 이전 학교생활, 부모님의 경제 수준, 성적 등의 일률적인 잣대로 아이들을 평가하지 않습니다. 있는 그대로의 모습을 아끼고, 좋은 점을 발견하여 성장해 나갈 수 있도록 지도하겠습니다.
셋째, 함께입니다. 부모님과 교사, 아이들은 이제 한 가족, 한 팀입니다. 일 년 동안 함께 생활하면서, 배려와 존중의 자세로 공동의 목표를 향해 함께 노력하겠습니다.
무엇보다 자신에게 가장 중요한 신념이 무엇인지 찾고, 바른 인성을 지닌 아이들로 커나갈 수 있도록 교육하겠습니다.

아이들과의 생활만큼이나 부모님과의 교육적 신뢰와 믿음, 학교와 가정 간의 연계가 중요하다고 생각합니다. 부모님의 지지와 믿음이 곧 아이들의 학교와 교사에 대한 신뢰로 이어져, 하나의 교육공동체로서 성장과 배움이 이루어진다고 믿습니다.

아이의 학교생활, 진학에 대한 의문점은 담임인 저에게 언제든 먼저 연락해주십시오. 저 또한 가정과의 대화가 필요할 때는 짧은 안내문이나 전화상으로 만나 뵙도록 하겠습니다.
아이들과 저의 인연이 소중한 만큼, 학부모님도 제게는 귀한 인연입니다. 그 귀한 인연 소중히 간직하며, 아이들과 일 년 동안 열심히 생활하도록 하겠습니다. 많은 격려 부탁드리며, 궁금한 사항에 관해서는 안내해 드린 연락처를 통해 어려워 말고 문의해주시기 바랍니다. 감사합니다.

2024년 3월 4일, ○학년 ○반 담임 ○○○ 드림

추신
1. 학교 전화: ○○○-○○○-○○○○, 휴대전화: 010-○○○○-○○○○
   수업이나 업무로 인해 문의에 빠른 답변이 어려울 수도 있습니다.
   먼저 문자 남겨주시면 연락드리도록 하겠습니다.
2. 지각, 결석, 조퇴 시에는 반드시 미리 연락해주시기 바랍니다.
3. 등교 시간은 8시 40분까지입니다. 40분 이후는 지각입니다.
4. 체험학습을 신청할 때는 일주일 전까지 체험학습 계획서를 제출해주시기 바랍니다.
   제출에 필요한 양식은 학생 편에 보내드리겠습니다.
5. 학습환경조사서의 내용을 꼼꼼히 작성하셔서 꼭 회신해 주시기 바랍니다.

04 1인 1역할

　학급 운영에 있어서 가장 중요한 일 중 하나가 바로 1인 1역할을 정하는 일입니다. 모두가 사회의 구성원으로서 각자 맡은 역할을 해나가고 있는 것처럼, 학교는 작은 사회 속에서 아이들도 자신의 역할에 책임지고 맡겨진 일을 열심히 하게 하는 것이 교육에 있어 중요하다고 생각합니다.

　크든 작든 본인이 맡은 일에 대한 책임을 지고, 지위가 아닌 각자의 역할로서 학교생활을 할 수 있도록 구체적으로 1인 1역할을 정하는 것이 중요합니다. 그렇게 하지 않으면 학급에 필요한 대부분의 일은 반장과 부반장이 도맡아 하게 되고, 반 전체의 소속감과 사기가 떨어집니다. 사전에 학급에 필요한 역할들을 고민해 보고, 또 학생들과 이야기해서 학생 수에 맞게 역할을 정리하는 시간을 가져봅니다. 잘 만든 1인 1역할이 반의 1년을 결정합니다.

▶ 1인 1역할

역할	이름	구체적으로 해야 할 일들
반장		◆ 1인 1역의 총 도우미로서, 잘 운영되고 있는지 확인하고 도와주기 ◆ 학급에서 일어나는 모든 사소한 일들을 담임과 상의하여 처리하기 ◆ 수업 시간에 친구들이 모두 참여하는지 확인하기
부반장		◆ 핸드폰 수거하기, 단톡방 관리하기 ◆ 반 친구들이 즐겁게 참여하는 다양한 학급 행사를 매월 기획, 진행하기 ◆ 친구들과 담임 사이에서 소식을 정하고 연락하기
연구부장		◆ 출석부 관리 철저히 하기, 교실 이동 시 출석부 챙기기 ◆ 출석부를 확인하고, 교과 선생님 싸인 빠진 것 받아오기
학습부장		◆ 시험 기간에 학습 자료를 수집하고 정리해서 친구들에게 나눠주기 ◆ 수행평가와 준비물을 칠판에 기록하고 친구들에게 알려주기
미화부장		◆ 청소 총 감독, 두 달에 한 번 청소 바꾸기, 청소 시간에 맡은 역할을 잘하고 있는지 확인하기, 청소도구 및 청소도구함 깨끗하게 정리하기
준비부장		◆ 수업이 끝날 때마다 칠판 깨끗이 닦고 분필 채워놓기 ◆ 칠판 밑은 항상 깨끗하게 닦아놓기
영양부장		◆ 우유 급식을 담당하며 정해진 시간에 우유 가져오기 ◆ 우유 급식을 하는 친구 자리에 우유 놓고 다 먹은 우유팩 정리하기
환경부장		◆ 아침에 창문 열고 환기, 15분 후 창문 닫기 ◆ 이동 수업 시 전등, 냉온풍기 조절하기, 이동 수업 시 문 단속 하기
정리부장		◆ 쓰레기통 비우기, 분리수거 하기 ◆ 물품 상자 잘 보관하기, 필요한 물품 요청과 빠진 물품은 채워놓기 ◆ 사물함 위, 교탁 위 아무것도 없이 깨끗한 상태 유지하기 ◆ 학급 게시판 게시물 관리, 보수, 교체, 학급 화장지 관리
사무부장		◆ 교무실에서 가정통신문 챙겨오기, 통계가 필요할 때 통계 작업하기 ◆ 수거해야 할 가정통신문 번호대로 수거 및 제출하기
정보부장		◆ 교실 컴퓨터 비번 관리, 수업 시간 외에 사용하지 않도록 관리하기 ◆ 수업 시간에 컴퓨터 활용하시는 선생님들 수업 돕기
자리부장		◆ 1달에 1번 자리 바꾸기 ◆ 수업 시간에 모두 제자리에 잘 앉아있는지 확인하기
교과부장		◆ 교과 선생님의 수업 준비 돕기 ◆ 이동 수업과 실험실습 재료 준비 돕기
체육부장		◆ 친구들이 바른 옷차림과 언어를 사용할 수 있도록 돕기 ◆ 체육 시간, 체육대회 전반에 관련된 준비하기
문예부장		◆ 학급 도서 관리, 독서 감상문 수거하고 제출하기 ◆ 학급 행사 사진 찍어서 홈페이지에 올리기

05 좌석 배치도

첫 2주는 교과 선생님들이 학생들의 이름을 익히기 편하도록 번호 순서대로 앉히고, 그 다음부터는 번호 뽑기를 통해 자리를 바꿉니다. 좌석 배치도를 만들어 놓지 않으면, 담임 시간에는 제대로 앉아 있지만 교과 시간에 앉고 싶은 자리에 앉기도 합니다. 인쇄해서 매달 교체하거나, 코팅해서 교탁에 붙여놓습니다.

▶ ○학년 ○반 좌석 배치도

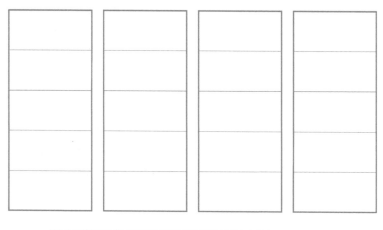

번호	이름
1	
2	
3	
4	
5	
6	
7	
8	
9	
10	
11	
12	
13	
14	
15	
16	
17	
18	
19	
20	

안녕하세요, ○-○ 담임 ○○○입니다. 아이들의 교육을 위해 사랑과 인내로 애써주시는 선생님의 노고에 깊은 감사드립니다. 아이들이 좌석 배치에 맞게 앉아 있는지 확인해 주시고, 학급에 대한 의논이 필요한 경우 언제든 연락주시기 부탁드립니다.

06 사물함, 책상 이름표

    책상과 사물함에 이름표를 붙여놓으면 자기 물건이라는 생각 때문에 학생들이 좀 더 소중히 물건을 다루는 것 같아요. 저는 일반 프린터기에서 사용할 수 있는 투명 라벨지를 활용해서 이름표를 만듭니다. 학생들로 하여금 개성 있게 이름표를 만드는 것도 좋을 것 같아요. 자기만의 방식으로 다양하게 만들어 보세요.

1번,
정미정

정 태 진
3학년 1반 1번

07 청소

　청소는 크게 교실 청소와 외부 청소로 나뉩니다. 학기가 시작되면 각 반에 할당된 외부 청소가 정해지는데, 이를 확인해서 청소를 정합니다. 미화부장을 통해 청소 확인도 하지만, 청소 시간에는 꼭 임장해서 확인하려고 노력합니다.

▶ 청소

◆ 1인 1역할(칠판, 우유, 정리부), 외부 청소는 교실 청소 제외 ◆ 미화부장은 청소 확인하고 일지 작성 ◆ 2달에 한 번씩 청소 당번 교체					
고정			변동		
미화부장			쓸기		
칠판			닦기		
우유			복도		
분리수거 쓰레기통			창틀 문틀		
외부청소			교탁		
외부청소1					
외부청소2			사물함		

08 조퇴/외출증

교무 수첩에 조퇴/외출증을 잘라서 사용하면 되지만, 늘 부족합니다. 배가 아프거나 배가 고파서 등 학생들은 늘 참신한 이유로 조퇴를 하니까요. 그때마다 만드는 것은 번거로우니 학기초에 미리 인쇄해서 준비해 놓고 도장까지 쾅쾅 찍어놓으면 편리합니다. (일부 학교에서는 조퇴증을 구비해 두는 곳도 있습니다.)

[출석부 보관용]	[출석부 보관용]
조퇴 · 외출증	**조퇴 · 외출증**
학번: 성명: 사유:	학번: 성명: 사유:
위 학생의 조퇴 · 외출을 허가합니다.	위 학생의 조퇴 · 외출을 허가합니다.

■ 일시: 월 일 시 분~
        월 일 시 분
	■ 일시: 월 일 시 분~
	        월 일 시 분

담임: (인)	담임: (인)
○○고등학교	○○고등학교

담임이 되면 학급에 조사할 내용이 정말 많습니다. 특히 학기 초는 정신을 못 차릴 정도입니다. 이 시기에는 사무부장(1인 1역할)과 힘을 합쳐 해나가야 합니다. 조사하는 입장에서도, 확인하는 입장에서도 제출명단을 정확히 아는 것이 중요해서, 미리 명렬표를 준비해두고 제출할 때마다 클립으로 함께 끼워서 제출하곤 합니다.

○학년 ○반		
재적:		
제출:	미제출:	
번호	이름	확인
1		
2		
3		
4		
5		
6		
7		
8		
9		
10		
11		
12		
13		
14		
15		
16		
17		
18		
19		
20		

○학년 ○반
재적:
제출:
미제출:

10 독서기록장

한 학기에 3권, 일 년에 최소 6권은 독서를 할 수 읽도록 지도합니다. 책 읽기도 싫어하고, 글 쓰는 건 더 싫어하는 학생들을 위해, 고민 하다가 담임 시간에 학교 도서관 수업을 통해 독서를 하도록 하였습니다. 독서기록장이 또 다른 부담이 되게 하면 안되겠다는 생각에 아주 간단하게 기록하게 합니다. 대신 책의 내용을 나열하기보다는 책을 읽고 깨달은 점을 위주로 작성하게 하였더니 부담이 없는지 편안하게 책을 읽습니다. 이러한 활동을 통해 책 읽는 즐거움을 알게 해주고 싶습니다.

▶ 간단한 버전

독 서 록		
책 제 목		
지 은 이		
읽은시기		
출 판 사		
책 제 목		
지 은 이		
읽은시기		
출 판 사		

▶ 자세한 버전

독서활동지				
학번		이름		
책이름		지은이		
책 선정 이유				
책 내용 요약				
책 속에서 새롭게 알게 된 내용이 있다면?				
책 관련해 추가로 탐구하고 싶은 주제가 있다면?				
인상깊은 책 구절				
느낀점				

11 그 밖의 필요한 것들

저는 USB 속 [담임]이라는 폴더 안에 [담임 서식] 하위 폴더를 만들어 매년 쓰는 양식을 저장해 둡니다. 소개해 드린 서식 외에도, 학교에서 쓰는 고유 서식인 체험학습 신청서, 체험학습 결과보고서, 결석신고서, 개인봉사활동 계획서, 이력서 등도 함께 저장해서 필요할 때 바로 찾아서 사용할 수 있도록 준비합니다.

45

담임 키트

재난용 키트라는 것이 있습니다. 다양한 재난 상황에서 현실적인 대처가 가능하도록 각종 안전장비를 모아놓은 물품 세트로, 교사에게도 이 키트가 필요합니다. 성격은 조금 다르지만 교실에 필요한 물품을 한데 모아 놓으면 어떠한 상황에서든 당황하지 않고 쉽게 해결할 수 있습니다.

01 구급함 키트

간단한 상비약을 담아놓은 키트입니다. 물론 위험하고 다급한 상황을 해결해줄 보건실이 있긴 하지만, 모기가 물렸다고 오는 학생들, 손톱을 자르다가 피가 났다는 학생들 등등 교실에는 크고 작은 일들이 많이 발생합니다. 구급키트를 가지고 있으면 소소한 처리에 바로 활용할 수 있어서 좋습니다. 데일밴드, 후시딘, 물린디, 타이레놀 정도면 충분합니다. 특히 꾀병을 부리는 학생들을 진단할 목적으로 구입한 체온계는 아주 유용하게 사용한답니다.

02 반짓고리 키트

신나게 놀거나 실습을 하고 나면 꼭 한 명은 바지가 찢어지거나, 단추가 떨어져서 저를 찾아오곤 합니다. 그럴 때면 반짓고리 키트를 꺼냅니다. 솜씨보다는 마음으로, 한 땀 한 땀 꿰매줍니다.

03 자리뽑기 키트

유난히 자리를 바꾸는 걸 좋아하는 학생들 덕분에 엑셀이며, 젓가락, 포스트잇, 사다리 타기, 카드 뽑기 등등 다양한 시도를 해 봤는데, 가장 좋은 방법은 고전적인 방법이더라고요. 숫자 스티커가 붙인 막대기를 뽑게 했더니, 매번 새로 만들 필요도 없어 아주 편리했습니다.

04 교실 물품 키트

없는 것 빼고는 다 있는 초등학교 교실에서 힌트를 얻어서 만든 키트입니다. 고등학교에서는 초등학생 때처럼 공작 활동을 많이 하는 건 아니지만, 평소 학교 생활에 필요한 문구 용품들을 간단히 정리해놓고 사용하고 제자리에 둘 수 있도록 교육하고 있습니다. 포스트잇, 풀, 스템플러, 테이프, 볼펜 한 두자루 정도면 충분합니다.

05 놀이키트

핸드폰과 컴퓨터 게임을 이길 수는 없지만, 학생들이 가끔은 화면에서 눈을 떼고 시간을 보낼 수 있는 일은 없을까 고민하다가 보드게임을 몇 개 구입했습니다. 고민했던 것이 무색하리 만큼 학생들이 좋아해서 기뻤답니다. 그 후로 학급비나 예산이 생기면 조금씩 구입하고 있습니다. 더불어 함께 구매했던 비즈공예키트도 남녀구분 없이 반지 만들기에 아주 열정적이라 좋았습니다.

06 시험준비 키트

간단한 시험준비 키트도 있습니다. 학생 수에 맞는 컴퓨터용 싸인펜과 시험 수정 테이프, 시험 부착물 정도입니다. 반복되는 행사에 물품 키트를 준비해두면 필요할 때 쓰고 끝나면 다시 수거해서 정리해 놓으면 되니까 편리하고 유용합니다.

혹여 이 많은 키트를 한 번에 다 준비해야 하는 건 아닐까 고민하는 선생님이 계실까봐 이야기를 조금 덧붙입니다. 이 모든 걸 다 준비해야 하는 건 전혀 아니에요. (저도 오랜 시간동안 조금씩 모아온 것들이에요.) 이 책의 모토처럼 사소한 노력으로 일상을 안온하게 보내기 위한 준비가 절대 부담이 되어서도 안되고요. 그저 이런 준비를 해 볼 수도 있구나, 나는 어떤 재미난 키트를 만들어 볼까 하는 마음만으로 충분하답니다. 정말이에요!

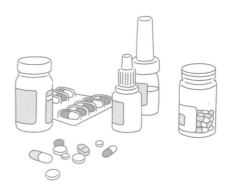

46 교실 청소

교실과의 첫 만남은 청소로 시작합니다. 보통 신학기 준비 기간에 하루를 온전히 투자해서 교실을 청소합니다. 학생들이 새로운 반에 왔을 때 깨끗한 환경에서 환영받는다는 느낌을 받기를 바라는 마음에서 제대로 해두면 일 년이 편안합니다.

01 교실 청소 리스트

▶ 준비물: 편한 복장과 마스크, 파란 비닐봉지 2장, 손걸레, 물티슈, 매직 블록, 소독제를 챙겨서 비장하게 교실로 향합니다.

▶ 먼저, 모든 창문을 열어놓습니다.

▶ 사물함, 책상 서랍, 교탁 속에 있는 잡동사니를 모두 꺼내 필요한 물품을 제외하고 비닐봉지에 시원하게 버립니다.

▶ 게시판에 남아있는 자료, 사물함 이름 스티커도 제거합니다.

▶ 수리해야 할 부분, 책걸상 수, 컴퓨터 작동 여부를 확인한 다음 부족한 부분은 메모해 두었다가 행정실이나, 업무 담당자에게 요청합니다.

▶ 교실 청소도구함에 있는 물품들 역시 모두 꺼내서 사용할 수 있는 물품만 확인하고 나머지는 버립니다. 필요한 물품은 기록해두었다가 업무 담당자에게 요청합니다. 대개 신학기 초 환경부에서 필요한 환경 물품을 조사하고, 배부합니다.

▶ 교실에 불필요한 물건 정리가 끝나면 사물함을 당겨 주변을 깨끗하게 쓴 다음, 책상과 의자를 뒤로 밀고 교실을 씁니다. 쓸고 나면 마대로 닦고 바닥에 껌도 제거합니다.

▶ 창틀, 문틀을 닦습니다. 묵은 때가 많아서, 매직 블록과 물티슈를 가지고 몇 번 닦아 줍니다.

▶ 매직 블록으로 바닥에 오래되고 더러운 자국, 거울 주변에 립스틱 자국, 책상과 의자의 낙서, 스티커 끈끈이 자국을 지워줍니다. 사소하지만 이런 부분이 깨끗해야 전체적으로 더 깨끗해 보입니다.

▶ 코로나 덕분에 한 가지가 더 추가된 부분으로, 교탁과 책상 위에 소독제를 뿌린 후 손걸레로 닦아 줍니다.

▶ 휴지통, 분리수거함을 씻어서 말립니다.

47 교실 환경미화

초등학교 교실과는 다르게 중학교, 고등학교는 교실 환경 미화에 많은 시간을 투자하지는 않습니다. 그래도 깨끗하고 안정된 환경이 학생들의 정서함양에 도움이 된다고 믿기에 간단하게라도 구성하려고 노력합니다. 매년 바뀌는 건 아니고, 한 번 구성해 놓고 조금씩만 수정해서 사용하고 있습니다.

01 시간표

교무 행정사님께 부탁드려 플로터로 출력합니다. (A1사이즈가 출력되는 큰 프린터기입니다. 보통 학교에 1대씩 있습니다.) 다이소에서 판매하는 자석칠판을 활용해서 만들어 보는 방법도 있습니다.

　1인 1역할, 청소, 가정 통신문, 식단표, 학습 안내, 학급 규칙 등 구획을 나누어서 정리합니다. 칼라프린터로 인쇄해서 코팅해 둔 제목은 매 년 다시 씁니다. 사전에 준비해 둔 양식들을 활용해서 학생들과 정한 다음 앞에 게시합니다. 게시판에 따라 자석이 필요한 경우도 있고, 핀이 필요한 경우도 있습니다.

03 게시판(뒷면)

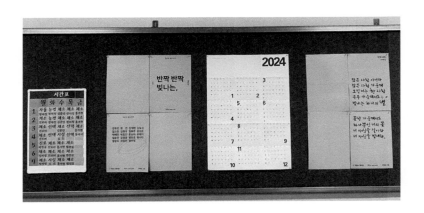

현수막을 구입해서 활용하는 방법, 플로터로 인쇄해서 붙여놓는 방법, 미술용품을 이용해 예쁘게 꾸미는 방법 등 취향에 따라 다양하게 만들 수 있습니다. 저는 주로 플로터를 활용해서 간단하게 게시합니다.

▶ 1년 달력을 만들어서, 학교 행사, 학생들 생일을 미리 표시해 둡니다.
▶ 취업, 진로, 진학 등 관련 정보를 게시합니다.
▶ 시간표나 좋은 시, 급훈 등등을 게시합니다.
▶ 한 칸은 비워놓았다가, 중간에 학생들과 함께 찍은 사진을 칼라 인쇄해서 붙여놓습니다.

04 시계, 달력, 식물

사전에 교실에 시계가 있는지, 또 시간이 맞는지 확인합니다. 그렇지 않다면 교무 행정사님께 부탁드려 준비해 둡니다. 달력이나 식물처럼 귀여운 소품도 취향껏 준비합니다.

출석부

출석부를 받고, 담임 교사로서 이름을 쓰면 이제 정말 시작이라는 실감이 납니다. 가슴이 두근 두근 거립니다.

01 이름 쓰기

제일 앞 부분에 우리반 학생들 이름을 써놓습니다. 두 가지 방법이 있는데 예쁘게 손글씨로 쓸 수도 있고, 출석부 제작사 홈페이지에 들어가서 자료를 다운 받아 컴퓨터로 작성한 다음 컬러 인쇄해서 끼워 넣을 수도 있습니다.

02 사진 넣기

[나이스] – [학적] – [기본학적관리] – [학급별 사진 명렬표 출력]에 보면 학생 전체 사진을 확인할 수 있습니다. 가능하다면 컬러인쇄해서 출석부 맨 앞에 꽂아 놓습니다.

03 이름 외우기

사진을 보면서 학생들을 만나기 전에 미리 이름을 외우려고 노력합니다. 증명사진과 실물이 다르건 제 얼굴 뿐은 아니지만(웃음) 만나기 전에 이름을 외워놓으면 학생들 얼굴 보면서 금방 익숙해집니다. 학생들과의 관계형성에 큰 도움이 됩니다.

04 볼펜 끼워놓기

교탁에 롤링펜을 붙여 놓을 수도 있고, 출석부 가늠 끈에 볼펜을 묶어 놓을 수도 있습니다.

담임의 첫 시간

학생들도 떨리지만, 선생님도 떨립니다. 첫 시간은 학생들이 선생님의 말을 가장 집중해서 듣는 날이기도 합니다. 어떤 이야기를 할까 미리 고민해보고, 제 교육 철학이 잘 전달될 수 있도록 신경 써서 준비합니다.

01 학교 일정

학교마다 상황은 다르지만, 대개 다음과 같이 진행됩니다.
[입학식] – [교실 이동] – (청소) – [담임 시간] – [정상 수업]
강당에서 입학식을 마친 후 담임과 함께 교실로 이동합니다. 교실 이동한 후에 간단히 교실을 청소한 후 담임 교사와 시간을 갖습니다.

02 내 소개 및 1년 동안 교육철학

앞으로 어떻게 학급을 운영할지, 어떤 반이 되었으면 좋을지에 대해서 이야기 합니다. 저는 학생들을 위한 교사가 되고 싶다는 이야기를 매년 합니다. 학생들의 입장을 생각하면서 대화하고, 혹시나 서로 이해가 되지 않는 부분이 있어도 반드시 대화를 하자고 말입니다. 이런 식으로 선생님이 원하는 학급의 모습, 혹은 교사의 다짐을 이야기하면 됩니다. 이것만은 꼭 지켜줬으면 한다는 규칙을 이야기하는 것도 좋습니다. 너무 무겁지 않게, 그렇다고 너무 가볍지 않게 하고 싶은 이야기를 차분하게 전달합니다.

한 가지! 초장에 애들을 잡아야 일년이 편하다라는 이야기에 현혹될 필요는 없어요. 선생님의 신념과 교육 철학대로 지도하는 것이 중요할 뿐, 강압적인 지도 방식은 필요하지 않습니다.

03 연락처 교환

칠판에 이름과 연락처를 적습니다. 학생들에게 그 자리에서 바로 입력하고 자기 이름을 써서 문자를 보내게 합니다. 그러면 일일이 학생들의 번호를 입력하는 수고가 덜어집니다. 최근에는 업무용 번호를 따로 만들기도 하는데, 개인 번호 노출이 꺼려진다면 이런 방법을 활용해 봐도 좋겠습니다.

04 출석부르기

선생님 소개가 끝나면 학생들 출석을 부르면서 간단히 이름과 얼굴을 확인합니다. 사진으로 아무리 이름을 외웠어도, 실제로 봐야 금방 익혀집니다.

'내가 그의 이름을 불러주기 전에는 그는 다만 하나의 몸짓에 지나지 않았다. 내가 그의 이름을 불러 주었을 때, 그는 나에게로 와서 꽃이 되었다.'

이름을 불러줌으로써 서로에게 의미가 되고 꽃이 됩니다. 그래서 가급적이면 이름을 빨리 외우려고 노력합니다.

05 학생 개인별 소개

학생들도 쑥스러울테죠. 그래도 일어서서 꼭 자기소개를 하도록 합니다. 그래도 일어서서 꼭 발표하도록 합니다. 자기를 소개하는 것도 사회 생활에 꼭 필요한 일입니다. 대신, 어떤 내용을 언급해야 하는지 미리 칠판에 적어놓습니다. 그렇지 않으면 이름만 말하고 바로 앉아 버려서, 이름, 취미, 특기, 연애, 알바, 하고 싶은 말, 장래희망 등등 엄청 길게 적어놓으면 애들이 질려하지만 막상 시키면 잘합니다.

06 임시반장 뽑기

보통 첫 자율활동 시간에 학급 임원을 선출합니다. 이전까지는 학급 임원이 따로 없기 때문에 임시반장을 뽑는 경우도 있습니다. 경험상 임시반장이 반장까지 연결되는 경우가 많다보니, 가급적 특정 학생에게 임원 선출 전까지 역할을 주지 않는 경우도 있습니다. 선생님의 스타일에 맞게 선택하면 됩니다.

07 자리배치

초반에 2주 정도는 번호순서대로 앉게 합니다. 그래야 학생들 이름도 금방 외우고, 교과 선생님도 학생 확인이 쉽습니다.

08 학교시정 소개

2, 3학년들은 잘 알고 있지만, 1학년들 같은 경우는 학교 시정을 잘 모릅니다.

'몇 시까지 학교에 와야 하는지', '몇 시에 학교가 끝나는지', '1교시는 언제 시작하는지', '밥은 언제 먹는지', '점심시간은 몇 시간인지', '시간표는 어떻게 되는지' 등과 같은 내용을 소개합니다. 사전에 게시판에 시정표를 게시해놓으면 설명하기가 수월합니다.

50 담임교사의 역할

　학생들을 사랑하는 마음만 있으면 된다고 생각했던 담임 교사의 역할은 때로는 다정하게 때로는 엄격하게 훈육해야 하는 일입니다. 학생들에게 책임을 요구하기 전에 먼저 행동으로 모범을 보이려고 노력합니다. 정확한 규칙과 반복적인 루틴을 만들어 놓고 한결 같은 모습을 보이는 것이 가장 어렵지만 기본이 아닐까 생각해 봅니다. 교육청 자료중 담임의 기본적인 역할만 발췌했습니다.

01 아침 조회

- ▶ 교실 상태, 청소 상황을 점검합니다.
- ▶ 출결을 파악하고, 학생 혹은 학부모에게 연락합니다.
- ▶ 독서, 자격증 공부를 하도록 지도합니다.
- ▶ 정해진 시간에 핸드폰을 수거합니다.
- ▶ 학생의 복장, 건강 상태 등을 관찰합니다.

02 일과 중

- ▶ 외출, 조퇴 학생 등을 조치합니다.
- ▶ 출석부를 정리합니다.

▶ 전달 사항을 기록해 둡니다.

▶ 학생의 생활안전을 지도합니다.

03 종례

▶ 청소를 지도합니다. (실내 정비, 창문 개폐, 비품 관리)

▶ 전달 사항을 안내합니다.

▶ 학생이 안전하게 귀가할 수 있도록 지도합니다.

▶ 방과 후 학생의 수업 참여를 확인합니다.

▶ 필요한 경우 학생 상담을 진행합니다.

51 학급행사

월요일 1교시는 대개 담임과 함께 하는 자율시간입니다. 부끄럽게도 자율시간을 알차게 보내려는 노력을 많이 하지 못했던 것 같아요. 학교 행사도 많고, 제출하라는 서류는 또 왜 그리 많은지 보통 이 시간을 활용해서 각종 설문지를 처리했던 것 같습니다. 시간이 지나고 보니, 학생들에게는 잘 가르치는 것도 중요하지만 함께 즐거운 추억을 만드는 것도 중요하다는 것을 뒤늦게 알게 되었어요. 아래 목록은 입시, 진학, 공부에 지쳐 있는 학생들에게 교사로써 해줄 수 있는 사소하지만 노력한 수행평가물 정도로 생각해주시면 좋을 것 같습니다.

01 학급 임원 / 1인 1역할 선정

반장, 부반장을 선출합니다. 1인 1역할도 함께 정합니다. 새롭게 반이 구성되고 일주일 정도 지난 후 투표를 진행하기 때문에 사전에 인기투표가 되지 않도록 학생들에게 교육합니다. 반장과 부반장에게는 엄중한 책임이 따르며, 희생과 봉사정신이 요구된다는 사실을 교육하고 학생들에게 반장과 부반장에게 필요한 역할을 간단하게 작성해보는 시간을 갖기도 합니다. 한 명 한 명이 제 역할을 책임감 있게 해낼 때 반이 잘 화합할 수 있습니다. 진지하게 투표할 수 있도록 독려합니다.

02 학급 규칙 만들기

학생들에게 요구하는 것은 정직할 것, 바른말을 쓸 것 2가지입니다. 나머지는 학생들 스스로 규칙을 정하고 이를 지키기 위한 방법을 찾아보도록 합니다. 특히 지각, 핸드폰 사용, 친구들간의 싸움등의 상황이 일어났을 때 어떻게 해야 할지 토론을 통해 스스로 정하게 하고, 주기적으로 점검할 수 있도록 합니다.

03 학급 급훈 정하기

▶ 급훈을 정하는 것은 일견 고리타분해 보이기도 하지만 함께 고민해 봄으로써 공동체 일원으로써 학급 분위기를 한데 모으는 역할을 합니다.

▶ 학생들이 각자 자신이 하고 싶은 급훈을 하나씩 정해오게 합니다. 저도 하나 내고요. 고민해온 급훈을 A4용지에 적게 한 후에 칠판에 모두 붙이고, 급훈들을 살펴보게 한 뒤에 스티커를 나눠주고 3~5개정도씩 고르게 합니다.

▶ 최종 후보에 오른 급훈들은 제출한 학생들에게 그 의미와 뜻을 설명하는 시간을 갖기도 합니다.

▶ 급훈을 써오라고 하면 '돈'이나 '외모'에 집중되거나 장난스러운 급훈을 적어오는 경우가 많은데, 이런 것들은 사전에 교육하고, 당일도 미리 확인합니다.

04 바른 언어 사용 교육

무엇보다 중요하게 생각하는 교육이 언어 교육입니다. 욕 자체가 주는 어감도 나쁘지만, 내면의 풍부한 감정을 단순한 욕으로 표현하는 학생들에게 때때로 안타까운 마음이 듭니다. 언어는 그 사람의 마음 상태를 보여준다고 생각합니다. 바르고 고운말 사용을 통해 마음과 정신을 정돈할 수 있도록 교육합니다.

▶ 먼저, 우리가 자주 쓰는 욕을 이야기 해보게 합니다. 그러면 신나서 이것저것 이야기합니다.

▶ 들리는 대로 칠판에 적는데, 표현이 좀 더 적나라하게 느껴지는지 살─짝 심각 해지기도 합니다.

▶ 자주 나오는 욕은 대부분 정해져 있으니, 사전에 준비한대로 그 욕의 어원을 찾아보고 욕을 하면 안 되는 이유, 그 욕을 대체할 수 있는 말도 찾아봅니다.

이야기하고 나면 습관적으로 욕이 나오더라도 조심하려고 하고, 서로서로 경계해 준답니다. 저는 책 [B끕 언어, 세상에 태클 걸다, 권희린]에 많은 도움을 받았습니다.

05 생일파티

매 번은 어렵지만 한 달 혹은 분기 단위로 학생들을 모아 생일파티를 해주면 좋습니다. 거창하지 않아도 친구들이 만든 롤링페이퍼와 간단한 다과만으로도 충분히 즐거운 생일파티가 됩니다. 1인 1역할에서 생일파티를 담당하는 친구와 함께 준비합니다.

06 마니또

학기 초에 자주 하는 행사입니다. 마니또는 친구에게 자신의 정체를 숨기고 선물, 선행을 하는 비밀친구를 뜻합니다. 학생들은 유치하다고 하면서도 누가 내 마니또인지 일주일 내내 물어보곤 합니다. 아직 낯설고 친한 친구가 없을 때 마니또를 하면 자연스럽게 대화도 하고 같이 놀면서 친해지는 경우가 많습니다. 대신 친구에게 선물 강요하지 않기, 선물은 2,000원 이하로 하기, 3가지 이상 선행하기 등등 규칙을 정해주면 프로그램이 좀 더 풍요로워집니다.

07 아침밥 같이 먹자!

관계가 돈독해지는 것은 역시 같이 먹고, 이야기 나누는 것이 아닌가 싶습니다. 그래서 학생들과 가끔 아침밥을 함께 먹는 행사를 준비합니다. 간단히 빵과 우유 혹은 김밥 등을 사서 아침에 함께 먹는 것입니다. 학생들이 정말 좋아합니다. 아침을 잘 안 먹고 오는 학생들에게 아침밥을 먹일 수 있는 찬스기도 합니다. 자매품으로 비빔밥 만들기, 팥빙수 만들기, 점심에 국밥먹기 등이 있습니다. (웃음)

08 포토데이

함께해서 좋은 시절이 많습니다. 벚꽃이 필 때, 단풍이 물들 때, 운동회 때, 현장 실습을 갈 때. 사진도 찍고 아이스크림도 먹으면서 학교 주변만 거닐어도 참 즐거운 시간이 있습니다. 차곡차곡 사진을 찍어두었다가, 인화해서 학급 게시판에 붙여두면 다들 좋아합니다. 컬러프린터에서 쓸 수 있는 사진인화용지로 출력하면 진짜 사진과 비슷합니다.

09 학급 게시판 꾸미기

학급 게시판을 가장 멋지게 꾸미는 방법은 학생들과 함께 하는 게 아닐까 생각해 봅니다. 학생들의 다양한 아이디어들을 한데 모아 게시판을 꾸며보면서 시간과 추억을 공유하는 경험은 오래 기억된답니다.

10 드림보드 만들기

내가 하고 싶은 것, 갖고 싶은 것, 되고 싶은 것을 글 뿐만 아니라 그림이나 사진으로 함께 표현하는 활동입니다. 학생들이 자신의 미래를 좀 더 구체적이고 생생하게 느껴볼 수 있도록 준비합니다.

이때 드림보드가 꼭 장래희망이 될 필요는 없습니다. 세계일주나 OOO콘서트 직관하기가 될 수도 있고 내가 갖고 싶은 물건이 될 수도 있습니다. 직업이라는 것에 고정되지 않고 자유롭게 나를 표현해 볼 수도 있는 시간이 됩니다.

11 독서활동

이 시간을 활용해 독서활동을 지도하기도 합니다. 욕심내기보다는, 학기 초에 책을 한 권씩 정하도록 해 이것을 조금씩이라도 꾸준히 읽게 하는 방식이 좋습니다. 책을 읽고 난 후에는 간단하게라도 내용을 정리하는 것도 좋은 방법입니다.

자세한 내용은 '44 담임 서식'을 참고해 보세요.

12 시사이슈탐색 활동

학생들이 사회에 관심을 갖게 할 뿐만 아니라, 생활기록부에도 작성하기 위해서 현재 이슈가 되고 있는 시사 이슈탐색활동을 지도합니다. 학생들이 평소 관심 있는 주제를 정하도록 하고, 관련 뉴스나 기사 등을 통해 내용을 정리하고 자신의 생각을 정리하게 하는 활동입니다.

13 기타

자율활동은 교사가 주체적으로 진행하는 활동 이외에 학교폭력예방교육, 정보통신 윤리교육, 재난 예방교육 등 다양한 교육활동을 진행합니다. 활동 내용을 학생들이 간단하게 정리하게 해두면 좋습니다.

학생상담

담임도 학생들을 자주 만나는 것은 아닙니다. 학급에 있을 때는 단체로 학생들을 만나기 때문에 개별로 관심을 갖기가 어려워 일 년에 개인 상담을 4번 정도 하려고 합니다. 한 번에 길게 하는 것보다는 짧더라도 학생들을 자주 만나고 상담하는 것이 더 효과적입니다. 주어진 시간안에서 온전하게 관심을 갖고, 학생들의 생활을 지켜보려고 노력합니다.

01 학생자기소개서, 학습환경조사서

첫 시간, 혹은 첫 만남에 학생들에게 나눠줍니다. 이를 통해서 일차적으로 학생들의 상황을 파악하고, 다음 상담을 준비합니다.

02 1차 상담

가정 방문 전에 이루어지는 간단한 상담입니다. 학부모님을 만나 뵙기 전에 학생의 진로 희망을 중점적으로 확인하고, 어떻게 진로지도를 할지 개괄적인 계획을 세우고, 생활기록부를 보면서 확인합니다.

03 가정방문

아직도 가정 방문이 있는지 조금 의아하시죠? 일부 학교에서는 여전히 3월 2~3주 정도에 가정방문을 실시합니다. 학부모님 입장에서는 부담되지만, 가능한 모든 학생들의 집을 방문해 보려고 노력합니다. 집을 가보고 학부모님을 만나뵈어야 그 학생을 더 자세하게 알게 됩니다. 앞서 했던 상담을 바탕으로 학생과 학부모님이 생각하는 진로를 듣고, 현실적으로 노력해야 하는 부분, 가능한 부분들을 상의해서 일 년 동안 같은 교육목표를 갖고 지도할 수 있도록 합니다. 가정방문을 다녀온 학생과 그렇지 않은 학생에 대한 이해도, 관계 형성 모두 차이가 납니다.

04 2차 상담

3월이 가기 전에 학생과의 관계 형성에 가장 공을 들이는 상담으로, 학생 1명당 30분 정도 긴 이야기를 나눕니다. 이렇게 하면 관계형성이 확실하고, 최소한 담임 선생님이 나한테 관심이 있구나 라는 마음으로 신뢰와 안정감이 생깁니다. 내밀한 부분, 관심 갖고 지켜봐야 하는 부분도 자세히 확인하지만 편하게 자기 이야기를 할 수 있도록 게임, 화장, 남자친구, 여자친구 등 잡담도 많이 하는 편입니다. 자신의 상황과 감정을 잘 표현할 수 있도록 돕는 것도 교사의 역할이라는 생각도 해봅니다. 시험을 앞두고 시험 준비를 잘 할 수 있도록 격려합니다.

05 3차 상담

8월이 되면 여름방학이 끝나고 헤이해진 마음도 다잡고, 다음 학년 혹은 대학교 진학 및 취업에 대해 같이 고민해보는 시간을 갖습니다. 학기 초에 세웠던 목표와 진로 사항이 변경된 점은 없는지, 친구문제나 다른 어려운 점들은 없는지 이야기 나눕니다.

06 4차 상담

2학기 기말고사가 끝나고 방학하기까지 대개 2~3주 남아 있는데, 수행평가도 끝나고 사실상 수업이 쉽지 않습니다. 축제준비를 하기도 하는데, 이 시기에 마지막 상담을 합니다. 함께 생활기록부를 확인하면서 독서, 봉사활동 등등 빠진 부분은 할 수 있도록 지도하고, 다음 학년 준비를 어떻게 해야 할지 고민하는 시간을 갖습니다.

07 기록

상담을 할 때는 교무수첩에 중요한 내용들을 기록해 둡니다. 기록한 내용은 상담이 끝나고 나서는 나이스에도 기록하려고 노력합니다. 학생의 변화 상태도 확인하고, 혹시 무슨 일이 있었을 때 교사를 지켜주는 수단이 되어주기도 합니다.

학부모 상담

학부모 총회, 교육과정 설명회 등 학부모님들이 학교에 온다고 생각하면 괜스레 긴장이 됩니다. 아마 긴장되는 것은 학부모님도 마찬가지일 겁니다. 1년 동안 아이를 교육하는 하나의 팀으로써 생각하면 어떨까요. 학부모님들과의 긍정적인 교육관계를 형성하기 위해 어떤 준비가 필요한지 하나씩 살펴보겠습니다.

01 사전 준비

첫 만남, 첫 인상이 관계 형성에 중요한 역할을 합니다. 사전에 학생과 상담한 내용, 가정에서 보내준 학습환경조사서도 읽어봅니다. 부모님이 궁금해 하실 만한 예상 질문과 답변도 생각해 봅니다. 생활기록부도 읽어보고 성적이나 가정환경 등도 확인해 둡니다. 철저한 준비가 신뢰도를 높입니다.

02 개별 상담

학부모님이 한꺼 번에 찾아올 때는 양해를 구하고 가능한 한 개별 상담을 합니다.

03 교육철학 및 학급 규칙 안내

담임교사의 가치관, 교육 철학을 전달합니다. 학급 규칙도 공유하면서 가정과 학급에서 일관되게 훈육할 수 있도록 당부드립니다.

04 학년별 상담 내용

1학년은 학교 안내, 학교생활 하는데 유용한 팁, 학교 적응, 상급 학교 진학 후 학부모가 염려하는 부분에 대한 답변을 준비합니다. 2학년은 학생 간에 형성된 또래 관계, 학교 학급 행사와 교육과정 운영 정보, 다양한 체험 활동 방안 등을 충분히 안내합니다. 3학년 담임이라면 내신 성적, 입시, 대학 등과 같은 진학 진로 정보가 필수적입니다.

05 경청과 기록

학년 초이기 때문에 교사가 먼저 이야기를 꺼내기 보다는 학부모가 담임 교사에게 하고 싶은 이야기를 적절히 하도록 하면서 경청하는 것이 좋습니다. 이를 기록하여 학생과의 상담이나 생활지도에 활용하면 좋습니다.

생활기록부

담임 교사의 가장 핵심적인 일입니다. 학생의 학업성취도와 인성을 종합적으로 관찰하고 평가하여 학생지도 및 상급학교의 학생 선발에 활용할 수 있도록 꼼꼼하게 자세하게 작성해야 합니다. 중요한 만큼 교육청에서는 매년 생활기록부 기재요령 교재를 배포하고 있으며, 교재에 우리가 알아야 할 내용은 모두 자세하게 나와 있기 때문에 중요한 내용만 발췌하였습니다.

01 작성 시 유의사항

학교생활기록부는 교사가 학교교육계획이나 학교교육과정에 따라 학교에서 실시한 각종 교육활동의 이수상황(활동내용에 따른 개별적 특성이 드러나는 사항 중심)을 기재하는 것이 원칙입니다. 이에 해당하지 않는 내용은 작성하지 않아야 합니다. 헷갈릴 수 있으나 원칙적으로 학교 안에서 활동한 내용만 작성하자는 의미로 생각하면 됩니다.

작성할 수 없는 내용은 다음과 같습니다.

▶ 교내외인증시험, 대회 참여 사실과 그 성적 및 수상 실적

▶ 논문, 학회지 투고, 도서출간, 지식재산권 등록 사실

▶ 어학연수, 봉사활동 등 해외 활동실적 및 관련 내용

▶ 부모의 사회 경제적 지위(직종, 직업, 직장, 직위) 암시내용

▶ 장학생, 장학금 관련 내용

▶ 특정 대학명, 기관명, 상호명, 강사명

02 수상경력

교외상은 생활기록부 어떠한 항목에도 입력하지 않습니다. 교내대회 참여사실은 수상경력에만 입력해야 합니다. 예를 들어 행동특성 및 종합의견에 'OO대회 입상을 위해 열심히 공부했다'라는 내용은 입력할 수 없습니다.

03 자격증 및 인증 취득상황

수상경력과 마찬가지로 해당 항목에만 입력해야 합니다. 예를 들어 자율활동에 'OO 자격 취득을 위해 계획을 세웠다'라는 내용은 입력할 수 없습니다.

04 창의적 체험활동, 자율

예전에는 자율활동을 했던 내용을 단순히 나열해서 작성하고, 대부분 비슷하게 입력했었습니다. 하지만 지금은 활동실적, 행동 변화 등을 종합하여 학생의 개별적 특성이 드러나도록 작성하려고 노력합니다.

학급회, 학생자치회, 1인 1역할 등 정량적인 기록이 가능한 내용을 입력합니다. 전교, 학년, 학급 등을 입력하고 재임기간을 ( )안에 함께 기록합니다.

[예시] 1학년: 1학기 전교 학생자치회 부회장(2023.03.02.–2023.08.16.)

05 진로활동

▶ 관심 분야나 희망 직업은 커리어넷 직업 정보의 직업분류를 참고하면 됩니다. 구체적인 희망 직업이 없더라도 관심 분야를 작성할 수도 있어요.

▶ 진로희망을 정하지 못한 경우에는 진로탐색 중임, 현재 진로희망 없음 등으로 입력할 수 있습니다.

▶ '아버지의 영향으로 농사에 관심을 갖게 되었고,'라는 내용은 입력해서는 안 됩니다. 부모의 직업을 암시하는 내용은 포함될 수 없기 때문이죠.

06 봉사활동

▶ 봉사활동 시간은 1일 8시간 이내로 인정됩니다. 휴업일(토요일, 공휴일, 방학, 재량휴업일)에는 하루에 8시간이 가능하지만, 평일에는 8시간에서 수업시간을 제외한 시간만 봉사활동 시간으로 인정됩니다. 예를 들어 평일 수업시간이 4교시인 경우 4시간만 인정됩니다.

▶ 헌혈은 1회당 4시간으로 연 3회 인정됩니다.

▶ 봉사활동은 1년 20시간을 기준으로, 보통 학교에서 10시간 정도 실시합니다.

▶ 학생 개인계획에 의해 봉사활동을 할 경우 2가지 방법으로 입력할 수 있습니다.

◆ **실적연계사이트를 이용할 경우**
실적연계사이트에서 봉사활동 검색 후 신청 → 봉사활동 실행 → 봉사활동 확인서 나이스로 전송 → 학교는 실적자료 확인 후 승인 → 생기부 기재

◆ **이용하지 않을 경우**
봉사활동 계획서 제출 → 봉사활동 계획 승인 → 확인서 제출 → 확인서 평가 → 생기부 기재

보통 봉사활동이 방학 때 이루어지기 때문에 겨울방학때 이루어진 봉사활동은 누락이 발생하기 쉽습니다. 겨울방학 후 개학 때 꼭 확인해서 입력할 수 있도록 하고, 다음 학년도에 누락사항을 발견했다면 정정대장을 통해 입력하도록 합니다.

07 과목별 세부능력 및 특기사항

과목별 세특은 과목담임이, 개인별 세특은 담임교사가 작성합니다. 지필평가와 수행평가 결과를 토대로 성취수준의 특성 및 참여도 태도 등 특기할 만한 사항을 구체적이고 객관적으로 입력합니다.

08 독서활동상황

교과담당교사는 [성적] – [성적처리] – [과목별독서활동]에,
학급담임교사는 [학생생활] – [독서활동상황] – [독서활동상황등록]에 입력합니다.
학생들에게 독서기록장을 나눠주고 1학기에 한 번, 2학기에 한 번 확인합니다.
독서활동상황란에는 학생이 읽은 책의 제목과 저자만 입력합니다.

[예시] 꿈꾸는 다락방(이지성), 세 잔의 차(그레그 모텐슨, 데이비드 올리버 렐린)

09 행동특성 및 종합의견

▶ 꾸준히 관찰하고 평가한 누가 기록을 입력합니다. 평소에 학생의 행동특성, 발달상황, 관찰내용, 상담 내용 등을 종합해서 기록합니다.
▶ 중요한 것은 장점과 단점은 누가 기록된 사실에 근거하여 입력하되, 단점을 입력하는 경우에는 변화가능성을 함께 입력해야 합니다.
▶ 학생들을 섬세하게 관찰하고 기록해야 하지만, 각 교육청에 기재 요령이 자세하게 안내되어 있으니 참고해서 작성하면 좋습니다. (특히, 2016년, 2017년에 예시가 풍부해 참고하기 유용합니다.)

10 학교생활기록부 정정대장

▶ 학년이 종료된 이후에 당해 학년도 이전의 학교생활기록부 입력 자료에 대한 정정은 조금 까다롭습니다. 생활기록부에 대한 신뢰성재고를 위해 과정 자체를 엄격하게 준수해야 하기 때문입니다.

▶ 생활기록부 정정사항을 발견했을 때 생활기록부 정정에 관한 심의위원회를 개최한 후에 관련 사항을 내부결제 합니다. 이 날짜를 기준으로 하여 나이스에서 생활기록부를 정정해야 합니다.

11 생기부 파일 저장

생활기록부도 엑셀이나 PDF로 다운받을 수 있습니다. 작성이 끝난 후 별도로 저장해서 다음 학년도에 참고합니다.

12 주요 활동 내용 바이트

각 항목마다 정해진 글자수(바이트)가 있습니다. 보통 한 글자에 3바이트 정도입니다.

◆ 자율활동: 1,500바이트
◆ 동아리활동: 1,500바이트
◆ 진로활동: 2,100바이트
◆ 행동특성 및 종합의견: 1,500바이트
◆ 세부 능력 및 특기사항: 1,500바이트

그럼에도 불구하고, 작성이 너무 막막한 선생님들을 위해 예시를 간단히 나눕니다.

저는 첫 줄에 학생 고유의 특성이 드러나도록 공을 들이는 편입니다. 다른 부분은 예시의 문장처럼 만들어 놓고 복붙하는 경우도 많지만, 첫 문장은 모두 다르게, 독창적으로 쓰려고 무던히도 애쓴답니다. 더불어 성격, 친구 관계, 학습 태도, 자기 인식 등 분야를 나누어 각 분야별 특징을 적고, 평소 학생들을 관찰하면서 느꼈던 점, 좋았던 점을 메모해 놓았다가 잊지 않고 작성해 주려고 노력합니다.

① 성격
- ▶ 진지하지만 유쾌하고, 성실하지만 유연한 태도의 다채로운 매력을 가진 학생임.
- ▶ 경쾌하고 밝은 에너지, 유연한 사고로 주변을 환하게 비추는 학생임.
- ▶ 보고만 있어도 웃음이 나고, 웃는 모습을 보는 것만으로도 주변에 기쁨을 전달하는 학생임.
- ▶ 누구와 있어도 함께하는 자리를 편안하게 만들고, 도움이 필요한 순간 가장 먼저 나서서 도움을 주는 학생임.
- ▶ 한결같은 태도와 고운 심성으로 일상을 꾸려나가는 학생임.
- ▶ 고요한 바다처럼 마음의 그림자 없이 친구들을 대하는 곧은 마음을 지닌 학생임.
- ▶ 넘치는 에너지와 소탈한 성격으로, 모든 일에 긍정적인 사고와 여유로운 마음으로 친구들을 대하는 학생임.

② 친구 관계
- ▶ 친구들의 장난에도 화 한 번 내지 않고 다 받아주는 고운 심성을 지녀, 친구들 사이에 신뢰감이 높음.
- ▶ 사회적인 관계에서 공평을 중요시하여, 모든 친구를 편견 없이 일관되고 동등하게 대하는 자세로 친구들에게 신뢰를 받고 있음.

▶ 친구들을 세심하게 관찰하여 보이지 않게 도와주고, 자신보다는 친구의 상황을 먼저 생각하고 배려하는 고운 심성을 지님.

▶ 공감과 이해가 뛰어나고, 친구들의 좋은 점을 발견하고 칭찬해주는 마음이 다정해서, 누구와도 편하게 어울리고 주변 친구들의 지극한 신뢰를 얻음.

▶ 한결같은 태도와 긍정적인 마음으로 친구들을 편견 없이 대하고 자신의 노력도 아낌없이 나누기에, 누구와도 편하게 어울리고 주변 친구들의 신뢰와 애정을 받음.

▶ 도움이 필요한 곳에 나서서 돕고, 어떤 이야기든 경청하고 공감하는 태도가 탁월하여 친구들 사이에 신뢰가 높음.

▶ 친구들을 한결같이 대하며, 고민은 판단하지 않고 온전히 공감해 주고 위로해주기 때문에 어떤 일이 생기든 찾아가 이야기를 나누고 싶은 편한 안식처가 되어줌.

③ 수업/진로/학습 태도

▶ 진로에 대한 구체적인 고민을 통해 확고한 목표를 가지고 필요한 학습 경험을 찾아 실행하는 능력이 뛰어남.

▶ 진로에 필요한 자격증과 학습 경험을 스스로 계획하고 발굴하여 빈틈없는 시간 배분을 통해 계획한 바를 모두 이뤄내는 끈기가 대단함.

▶ 실습수업에 뛰어난 능력을 발휘하며, 교과 외 시간에도 책임감을 갖고 임하기 때문에 신뢰로움.

▶ 실패에 대한 두려움보다 새로운 것에 대한 도전정신이 뛰어나 새로운 기술을 익히고 실천하는 데 어려움이 없으며, 문제 해결력이 뛰어남.

▶ 계획을 체계적으로 세우고 실행하는 능력이 뛰어나며, 지적 탐구심과 뛰어난 성취욕구로 우수한 학업 성적을 꾸준히 유지함.

▶ 수업에서는 집중력을 높이고 적극적으로 참여하여 모범이 되며, 학업적인 성과도 뛰어남.

▶ 자신의 목표를 위해 부단히 노력하고 긍정적인 결과를 만들어 내는 집념과 뚜렷한 목적의식을 지님.

④ 태도

▶ 태도와 정서가 한결같고 성실해서 흐트러지지 않고 해야 할 일에 책임을 갖고 하는 모습이 본보기가 됨.

▶ 어려움에 처했을 때 상황을 탓하거나 도망치지 않고 직면하며, 자신에 대한 긍정적인 믿음과 노력을 무기로 결국 이겨 내고야 마는 최선의 모습을 보여줌.

▶ 책임감이 뚜렷하여 자신에게 주어진 업무나 과제를 완수하기 위해 성실하게 노력하여 신뢰를 얻음.

▶ 공동체 일원으로서 자신의 역할을 책임감 있게 해내기 위해 끊임없이 노력하고 성실하게 행동해서 기대한 그 이상을 해냄.

▶ 상황과 환경을 탓하지 않고, 어떤 일에서든 배울 점을 찾아 실행하는 자세가 바름.

▶ 맡은 일에 대한 책임감이 뛰어나서 스스로 생각하고 판단해서 일을 수행하고, 창의적인 방법으로 해결함.

▶ 계획을 세우고 목표를 이뤄내는 성취도도 뛰어나지만, 자신의 에너지를 후회나 탓하는 데 두지 않고 오로지 목표를 위해 모든 것을 쏟아내는 집념은 더 탁월함.

⑤ 자기 이해

▶ 자신에 대한 깊은 이해를 바탕으로 본인이 무엇을 원하는지 알고 이를 이루기 위해 노력하는 뚜렷한 목적의식을 가짐.

▶ 자신에 대한 이해가 깊고 현실적이고 탁월한 안목으로 상황을 판단하는 주체적 의식이 있음.

▶ 자신만의 신념을 갖고 주체적으로 행동하지만, 상대방에 대한 배려와 이해는 더 깊어서 타인을 헤아리는 마음이 뛰어남.

⑥ 단점을 단점 같지 않게

▶ 목표를 위해 필요한 학습 경험을 찾아, 천천히 하지만 꾸준하게 노력하고 반복하는 자세가 대견함.

▶ 규칙을 준수하는 일에 의문을 품고 섣부르게 행동하기도 했지만, 학교 구성원의 역할과 책임을 알게 되고 나서는 자신의 잘못된 행동을 인정하고 책임지는 자세를 지님.

▶ 자신이 불리한 상황에서도 솔직한 태도를 보이며 똑같은 실수를 반복하지 않는 정직의 가치를 보여줌.

학생 출결

학생들의 출결은 풀리지 않는 숙제입니다. 다들 시간 안에 학교에 와주면 좋으련만 꼭 한, 두 학생의 얼굴이 보이지 않습니다. 처음에는 헐레벌떡 뛰어오는 학생들과 실랑이 하는 것이 일이었는데, 이제는 학교에 오기만 해도 고맙습니다. 학생들의 기본적인 출결상황부터 결석계, 체험학습 등에 대해서 알아보겠습니다.

01 출결 용어정리

1) 지각

학교 규정으로 정해진 등교 시간을 넘어서 들어오면 지각입니다. 가끔 등교 시간과 규정에 있는 시간이 다른 경우가 있으니 확인이 필요합니다.

2) 조퇴

조퇴는 수업 중간에 집으로 돌아가는 것입니다. 정해진 학교 교육과정을 다 완료하지 않는 것으로, 원칙상 아침조회를 하고 집에 가더라도 조퇴에 해당합니다.

3) 외출

외출은 특히 조퇴와 많이 혼동됩니다. 수업 중간에 나가는 것은 똑같지만, 돌아오지 않으면 조퇴, 다시 학교로 돌아오는 것이 외출입니다.

4) 결석

결석은 학교에 오지 않는 것을 뜻합니다.

5) 결과

결과는 수업에 참여하지 않는 것입니다. 몸이 아파서 보건실에 가있거나, 어떤 사유로 인해 수업에 빠지게 되면 결과처리를 합니다.

02 출결 사유정리

출결은 '지각', '조퇴', '외출', '결석', '결과'로 나뉩니다. 하지만 사유가 함께 있어야 합니다. 사유를 기준으로 각각 4가지로 구별할 수 있습니다.

1) 질병사유

몸이 아팠을 때 적용하는 사유입니다. 아파서 하는 지각은 '질병지각', 아파서 하는 조퇴는 '질병조퇴'가 됩니다. 질병이 사유인 경우는 증빙할 수 있는 자료를 학생에게 받아둬야 합니다. 특히 결석을 하는 경우는 진단서나 영수증을 챙겨두었다가, 결석계와 함께 제출합니다.

2) 기타사유

기타사유에 해당하는 것은 부모를 간호하거나, 집안에 일을 도와주는 등 특수한 사유에 해당합니다. 이때는 보통 '학교장이 인정한 경우'라는 단서조항이 포함되고 사전에 내부 결재를 원칙으로 합니다. 부득이 사전에 내부결재를 하지 못했다면, 출결이 발생한 당일이라도 처리하는 것이 좋습니다.

3) 미인정 사유

원래는 무단이라는 용어로 사용되었는데 최근 용어가 '미인정'으로 개정되었습니다. 교사의 동의나 특별한 사유 없이 조퇴나 결석을 했다면 '미인정'사유가 됩니다. 수업시간에 수업에 제대로 참여하지 않은 학생이 있다면 '미인정결과'를 출결로 부여할 수도 있습니다.

4) 인정 사유

학생에게 특별한 사유가 있다면 학교를 나오지 않거나 조퇴 등을 하더라도 출석을 한 것으로 인정을 해줍니다.

구분	대상	일수
결혼	형제, 자매, 부, 모	1일
입양	학생 본인	20일
사망	부모, 조부모, 외조부모	5일
	증조부모, 외증조부모 형제·자매 및 그의 배우자	3일
	부모의 형제·자매 및 그의 배우자	1일

※ 경조사 일수에 재량휴업일과 공휴일 및 토요일은 산입하지 않음. 연속된 결석 일수에 한해 출석으로 인정함.

경조사가 대표적인 예시에 해당합니다. 이외에도 '자연재해'나 '대회출전'과 같은 특별한 사항이 생길 때는 인정결석 사유가 인정됩니다. 인정사유 또한 증빙자료가 꼭 필요합니다.

03 결석계

결석계는 학생들의 결석 이유에 대한 증빙자료를 정리해둔 서류입니다. 양식은 학교마다 다르며 수합도 매 달, 학기 말, 혹은 연말처럼 업무담당자에 따라 조금씩 다르게 운영합니다. 인정결석이나 기타 사유같은 경우는 미리 공문을 기안하기 때문에 결석계는 대부분 질병결석에 해당합니다. 대개 3일 이상 연속 결석이 발생하는 경우 진단서 혹은 약봉투 등(미리 정해진 증빙자료)으로 증빙합니다. 결석계는 그때그때 정리해두는 것이 좋습니다. 조금만 미뤄도 내용을 까먹거나 증빙서류가 빠지는 등 번거로워지는 경우가 생기기 때문입니다.

▶ 결석계

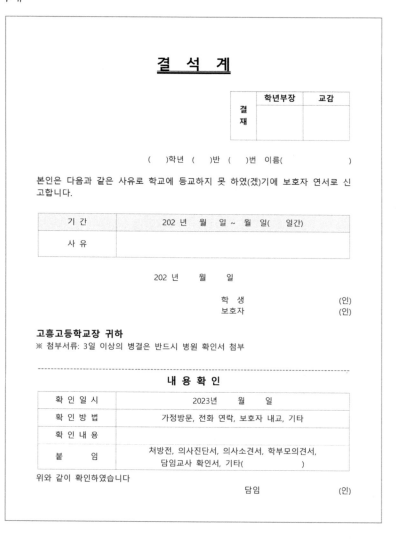

56 출결 실전

담임 교사가 매일 하는 업무 중 하나는 학생들의 출결을 정리하는 것으로, 나이스를 통해, 매일, 매월 출결을 마감합니다. 출결은 미리미리 해두지 않으면, 잘 기억이 나지 않아 곤란한 경우들이 많기 때문에, 가급적이면 그때그때 바로 정리해두도록 합니다.

01 일출결관리

일출결관리는 매일 학생들의 출결 상황을 입력하는 것입니다. 결석, 조퇴, 외출 등의 출결 사항을 시간 단위로 기록합니다.

① [나이스] ➡ [학급담임] ➡ [학적] ➡ [출결관리]에 들어갑니다.
② 조회 버튼을 클릭한 뒤, 출결을 체크할 학생의 '마감' 부분을 클릭합니다.

③ 출결사항을 입력합니다.

해당하는 종류와 구분을 선택한 뒤 사유까지 입력합니다. 사유는 간단하게라도 입력해 두어야 나중에 확인할 일이 생겼을 때 편리합니다.

02 일출결 마감

일일출결관리를 완료했다면, '출결마감'을 해야 합니다. 방법은 크게 2가지가 있습니다.

▶ 첫 번째는 학생들의 출결을 정리한 뒤에 우측 상단에 있는 '출결마감' 버튼을 클릭하는 방법입니다. 그런데 이것은 출결마감을 하나씩 해야 한다는 단점이 있습니다.

▶ 두 번째 방법은 일출결 관리를 한꺼번에 하는 방법입니다. 출결관리 상단에 [반별일출결마감관리]를 클릭합니다. 전체 선택을 누른 뒤에 저장을 눌러주면 됩니다.

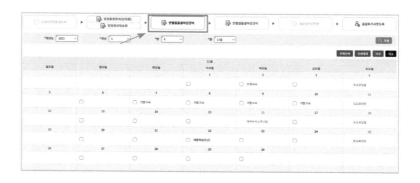

두 번째 방법이 좀 더 간편하긴 하지만, 가끔 일출결 관리를 안 하고 마감을 해버리는 경우가 종종 발생하기 때문에 일출결 관리가 제대로 되어 있는지 날짜별로 하나씩 확인한 뒤에 두 번째 방법으로 일출결마감을 하는 방법이 좋습니다.

03 월출결 마감

일출결이 모두 마감이 되었다면 월출결 마감을 해야 합니다.

① '출결관리' 상단에 [반별월출결마감관리]를 클릭합니다.

② [조회]를 클릭합니다.

③ 마감하고자 하는 '월'에 마감 부분을 클릭합니다. 직접 학기와 월, 일을 입력할 수도 있지만, 마감을 클릭하는 방식이 훨씬 편리합니다.

④ 마감을 클릭합니다. 마감이 완료되면 '출결마감자료확인'에서 우리반의 이번 달 출결사항을 한 눈에 확인할 수 있습니다.

혹시 잘못되거나 수정해야 할 부분이 있다면 지금까지의 과정을 역으로 수행하면 됩니다. 월출결 마감을 취소하고, 해당 날짜에 일 출결 마감까지 취소한 뒤에 출결을 수정하고, 다시 일출결부터 마감을 완료하면 됩니다.

담임으로 학생들의 출결을 확인할 수도 있지만, 교과 단위로도 출결을 체크할 수 있습니다. 내 수업 시간에 학생이 들어오지 않았다는 출결을 기록하는 것입니다.

[나이스] ➡ [교과담임] ➡ [학적] ➡ [출결관리]에 들어갑니다.

① 수업 교시를 선택합니다.

일자를 확인한 뒤에 몇 교시 수업에 대해서 출결을 처리할 것인지 선택합니다. 내가 들어간 수업에 대해서 수업 시간이 나옵니다.

② [조회]버튼을 클릭합니다.

③ 해당되는 학생의 출석상태를 클릭합니다. 어떤 출결사항인지 작성할 필요는 없으며 그냥 체크만 하면 됩니다.

④ 출결사항을 모두 체크했다면 저장버튼을 클릭합니다.

교과 출결을 완료한 뒤에는 해당 학생의 담임 선생님에게 메신저로 연락을 드리는 것이 좋습니다. 가끔 담임 선생님이 파악하지 못한 학생출결 사항이 생기기도 하니까요.

교외체험학습

담임 교사가 가장 많이 하는 기안은 교외체험학습 관련 공문이 아닐까요? 가족 행사, 여행 등 1년에 특정일수 이내의 범위로 학생들이 자유롭게 체험학습을 신청하고 학교를 나오지 않을 수 있습니다. 물론 출석은 인정됩니다.

01 체험학습절차

① 학생, 학부모가 교사에게 체험학습 사실을 사전에 이야기하면 교사는 학생에게 체험학습 사전신청서를 받습니다.

② 체험학습 시작으로부터 1주일전까지, 최소 3일 전에는 체험학습 사실을 내부결제 올립니다. (학교별로 규정된 날짜가 있습니다.) 부득이한 상황이 발생하는 경우 선생님들과 논의 후 최소한 체험학습 시작일 전까지는 기안이 최종결재가 완료 되도록 합니다.

③ 결제가 최종완료되면 학생이 체험학습을 다녀올 수 있도록 합니다.

④ 나이스에는 인정결석으로 체크하고 사유도 기입합니다.

⑤ 학생이 다녀온 후 체험학습 결과보고서를 받고, 이것을 다시 한 번 내부결제에 올리거나, 첨부물 분리등록을 하기도 합니다.

02 내부 기안

1) 교외체험학습 신청

수신 내부결재
(경유)
제목 2023. 교외체험학습 신청(11월)

1. 관련: 2023학년도 학교교육과정 운영계획
2. 교외 체험학습을 아래와 같이 신청하여 출석인정으로 처리하고자 합니다.

연번	이름	학년반	일자	장소 및 주제	비고
1	정O정	3-1	2023. 12. 4.(월)~ 12. 8.(금) (5일간)	순천 가족여행	보고서 제출시 출석 인정 처리

붙임 교외체험학습 신청서(정O정) 1부. 끝.

2) 교외체험학습 보고서 제출

수신 내부결재
(경유)
제목 2023. 교외체험학습 보고서 제출(11월)

1. 관련: 호남원예고등학교-15406(2023. 11. 29.)
2. 교외 체험학습 보고서를 붙임과 같이 제출합니다.

붙임 교외체험학습 보고서(정O정) 1부. 끝.

교외체험학습 보고서를 기안하는 번거로운 과정 없이 보고서를 첨부하는 방법도 있습니다.

▶ 교외체험학습신청 공문 맨 앞 네모 상자에 체크를 한 후, [첨부물분리등록] 버튼을 눌러 줍니다.

▶ 그러면 새 창이 열리는데, 분리등록제목은 교외체험학습 보고서 제출, 쪽수 1, 이렇게 작성하고 첨부파일에 보고서를 추가하고 저장해 주면 됩니다.

▶ 혹시 첨부파일의 수정이 필요한 경우, [네모 상자에 체크] − 상단에 [문서정보] 선택 − [분리등록] − [분리문서수정]에서 진행하면 됩니다.

▶ 교외체험학습 신청서

<서식 1> : 학교 제출용(보호자용)

교외체험학습 신청서

기 간	20 년 월 일( ) ~ 20 년 월 일( ) (일간)						
장 소							
명예교사 위촉대상자	학생과의 관계				성 명		
체험학습 참 가 자	학 년	반	번	성 명		전 화	비 고
체험학습 주 제							
학습내용							

위와 같이 「가족과 함께하는 교외체험학습」을 신청하오니 허가하여 주시기 바랍니다.

※ 신청서 제출기한: 교외체험학습 실시 3일 전까지 신청
※ 보호자가 신청서를 제출하였다 하여 교외체험학습이 허가된 것이 아니며 담임교사로부터 반드시 최종 허가 여부 통지서(또는 문자)를 받은 후 실시하여 함.

20 년 월 일

학생 :   (인)

신청인 보호자 :   (인)

고흥고등학교장 귀하

· ·

보호자 외 인솔 동의서

※ 보호자 외 인솔자와 동행할 때만 제출

보호자 외 인솔자 성명 (학생과의 관계)		자택연락처 휴대폰	

위 학생이 교외체험학습 기간 동안 보호자 외 상기 인솔자가 동행하여 학생을 인솔하는 것에 동의하며, 이로 인해 발생하는 제반 문제에 대해 책임질 것을 서약합니다.

신청인 보호자 :   (인)

▶ 교외체험학습 보고서

<서식 ②> : 교외체험학습 사후지도를 위한 참고 자료 <학생용>

교외체험학습 보고서

◢ 누 가

고흥고등학교	제 ( )학년 ( )반 ( )번	이름 :

◢ 언 제

20 년 월 일 부터 ~ 20 년 월 일 까지

◢ 어디에서

교외체험학습 장소	▶

◢ 무엇을, 어떻게, 소감

무엇을	가정의 가계, 돌아가신 분의 얼, 만난 친척, 추석 민속놀이, 고향의 자료, 추석 상차리기, 기타 국내외 각종 체험
어떻게	구체적인 체험 내용 등을 자유롭게 기록
소 감	교외체험학습을 통해 느낀 점을 자유롭게 기술

학교에서 사고 발생

실습시간에 학생이 칼을 사용하다가 상처가 크게 난 적이 있습니다. 놀라고 당황한 마음에 어떻게 해야 할지 판단이 잘 서지 않았습니다. 이런 경우는 어떻게 해야 할까요?

01 사고 발생

사고가 발생한 걸 인지한 순간, 보건 선생님과 학부모님께 연락을 드립니다. 상황에 따라 담임이나 보건교사가 구급차에 함께 타거나, 학부모님께서 오셔서 학생을 병원에 데리고 갈 수 있도록 합니다. 교감선생님께 구두 보고 합니다.

02 상황 확인

병원에 다녀온 학생의 상태를 확인하고, 출결 문제를 처리합니다. 입원을 한다면 질병 결석처리를 위해 필요한 서류를 안내합니다.

03 학교안전공제회 신청

학교안전공제회(www.schoolsafe.or.kr)에 들어가 공제 내용을 신청합니다. 신청 과정은 다음과 같습니다.

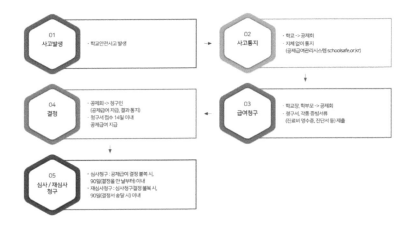

① 홈페이지에 로그인해서 사고당한 내용을 기록합니다. 학교별로 아이디가 있기 때문에, 교무행정사 선생님, 업무 담당자에게 확인이 필요합니다.

② 구체적으로 기록해야 합니다. 같은 계단에서 다친 것이라도 미끄러진건지, 친구랑 장난치다 넘어진 건지, 혼자 있다가 다친건지 등등 자세한 정보가 필요합니다.

③ 내용을 다 작성했다면 사고 내용을 정리해서 내부결제 올립니다.

④ 결제까지 완료가 되면 학생이 사고 때문에 받게 된 치료 영수증과, 작성한 기안문을 출력해 공제회로 우편으로 접수하게 됩니다. 이때 학교가 속해 있는 지역의 공제회로 보냅니다.

⑤ 접수 뒤 홈페이지에 들어가면 문서 처리상태가 나옵니다. 한번에 통과되면 좋지만, 필요한 서류가 미비하다거나 반려되는 경우도 종종 있습니다. 따라서 접수가 완료된 것이 아니라면 미비점을 보완해 다시 작성해야 합니다. 잘 모르겠다면 공제회로 전화를 하면 친절하게 설명해줍니다. 접수가 완료되면 기다리면 됩니다.

사안에 따라 다르지만 돈이 나오기까지 시간이 꽤 걸립니다. 따라서 학생과 학부모님께 사전에 관련 내용을 설명해 드리는 것이 좋습니다. 최종적으로 공문을 통해서 구체적인 지원금액이 전달됩니다. 공문을 확인한 후에 학생과 학부모에게 내용을 전달하면 됩니다.

59 학교에서 사건 발생

　처음에는 어떤 일이 발생했을 때 학생부에 알리지 않고, 제 선에서 봐주는게 학생을 위한 일이라고 생각했던 적이 있었습니다. 물론 사건의 경중에 따라 다르겠지만, 시간이 지나면서 본인이 잘못을 인정하고 책임지게 하는 것도 교육이라는 것을 알게 되었습니다.

01 선도위원회

　지각, 교복, 핸드폰 사용, 담배 등등 학교 규칙을 어기면 규정에 따라 학교 선도위원회에서 처리합니다. 특히 담배 같은 경우는 걸린 즉시 학교 교칙에 따라 선도위원회에 회부됩니다. 선도위원회는 학생부, 교감, 부장선생님에 의해 운영됩니다. 처벌절차는 사건의 경중에 따라 교내봉사, 사회봉사, 출석정지, 강제전학, 자퇴, 퇴학 등의 처분으로 내려집니다.

02 학교폭력위원회

　학교폭력 관련 사안이 생겼을 때 학교에서는 학교폭력위원회를 열게 됩니다. 하지만 학교폭력위원회가 도입되면서 교사의 업무가 가중되고, 학교에서 학생들을 판결해야 한다는 부담감으로 인해 많은 문제가 발생했습니다. 이런 문제점으로 인해 최근 학교폭력위원회의 내용이 수정되었습니다. 사안의 경중에 따라 가벼운 사안에 대해서는 학교장이 자체적으로 종결처리를 할 수 있게 되었고, 이전에 시행하던 학교폭력 위원회 자체는 소속 교육청으로 이관되었습니다.

- ◆ 1호 서면사과
- ◆ 2호 접촉 협박 및 보복행위 금지
- ◆ 3호 교내봉사
- ◆ 4호 사회봉사
- ◆ 5호 특별교육 이수 또는 심리치료
- ◆ 6호 출석정지
- ◆ 7호 학급교체
- ◆ 8호 전학
- ◆ 9호 퇴학

미인정 결석

학생이 구체적인 사유 없이 학교를 나오지 않는다면, 담임교사로서 취해야 하는 조치사항이 있습니다. 교육청 지침을 통해 필요한 내용을 발췌했습니다.

01 1~2일 미인정 결석 관리

유선으로 연락하여 결석사유와 안전을 확인하고 출석을 독려합니다.

02 3일 이상 미인정 결석 관리

① 가정 방문을 실시합니다.

② 가정방문에도 불구하고 출석하지 않는 경우 내교 통지서를 보내고, 보호자에게 학생과 함께 내교할 것 요청합니다.

③ 내교 한 경우에는 면담을 실시하여 출석을 독려하고, 내교가 어려운 경우 학생이 있는 곳에 직접 방문하여 학생의 상황을 확인합니다.

④ 학생의 소재나 안전이 확인되지 않는 경우에는 경찰에 수사 의뢰합니다.

03 7일 이상 장기 미인정 결석 관리

① 미인정결석 학생 현황을 NEIS에 등록, 제출하여 미인정결석 학생의 소재나 안전을 확인할 수 있도록 하고, 추후 해당 학생이 복귀하였을 때에는 복귀일로부터 3일 이내에 복귀 현황을 NEIS에 제출합니다.

② 연속 7일 이상 미인정결석 학생은 '개인별 관리카드'를 작성하고, 집중관리대상자를 선별·지정하여 도교육청에 보고합니다.

③ 연속 7일 이상 미인정결석 학생은 연2회 이상, 집중관리대상자는 월1회 이상 유선연락 등을 실시하여 학생의 소재나 안전 확인 및 출석을 독려합니다.

61

기록의 중요성

교사라는 직업은 특히나 기록할 일이 많은 것 같습니다. 해야 할 일을 정리하는 것도, 마음을 다잡는 것도 기록만이 할 수 있는 일입니다. 어떤 방식이든, 어떤 도구든 중요한 건 꾸준함 아닐까요?

01 업무 정리

몰아치는 업무에 정신을 차리지 못할 때면 바인더를 확인하고 해야 할 일도 정리하고, 하고 싶은 일도 정리합니다. 스케줄을 확인하고 어떻게 해야 할지 미리 준비해둡니다. 때로는 걱정이 너무 커져 마음이 불안할 때, 이렇게 일을 정리하고 기록하다 보면 엉킨 실타래가 한가닥 풀리는 기분이 듭니다.

02 학생 관리

학교에서는 생각보다 다양한 일이 일어나고, 이따 정리해야지 하면 바로 잊어버립니다. 평소 학생들을 관찰하고 사소한 일이라도 기록해 놓으려고 합니다. 출결, 상담 내용도 바로 기록해 놓습니다. 늦어도 이틀은 넘기지 않으려고 합니다. 기억해야지 하는 것도 스트레스고, 다시 기억하려고 노력하는 것도 스트레스라면 바로 작성하고 잊어버리는 것을 택합니다. 기억은 한계가 있으니 가능하다면 기록으로 남기는 것이 필요하다고 생각합니다.

03 정보 수집

교사의 직업병은 세상 모든 일이 수업의 소재가 된다는 것이에요. 텔레비젼을 보다가도, 길을 가다가도 저거, 수업에 활용할 수 있겠는데? 라는 생각이 들면 핸드폰이나 바인더에 기록을 합니다. 어느 대학교에는 무슨 자격증이 필요한지, 면접에는 어떤 질문이 나오는지 등 학교생활을 하면서 알게 되는 많은 정보들도 정리해 놓습니다. 좋은 시를 발견하면 학생들에게 알려 주고 싶어서 메모합니다. 메모가 쌓이면 나중에 자산이 됩니다.(한가지 팁은. 여기저기 흩어진 메모를 찾는 것은 시간이 걸리니 사소한 메모라도 한 곳에만 기록을 하는 것입니다.)

04 일기

학교에 출근하자마자 퇴근하고 싶어질 때, 집에 있을 때도 집에 가고 싶을 때가 있어요. 매사에 걱정이 많은 성격으로 스스로를 괴롭히고, 사소한 일에도 신경을 많이 쓰는 저는 이럴 때 일기를 씁니다. 고민거리, 걱정거리를 쏟아내다 보면 마음이 한결 가벼워지고 글을 쓰면서 스스로 깨닫거나 위로를 받을 때도 있습니다. 자기 전 15분만 시간을 내서 하루를 돌아보고 글을 쓰면서 그 날의 있었던 좋지 않은 일은 툭툭 털어버립니다. 일기든, 블로그든, 인스타든 어떤 방식으로든요.

05 행복 리스트

리스트 쓰는 걸 좋아합니다. 업무 리스트 뿐만 아니라 가지고 있는 물건에 대한 리스트, 자주 사용하는 소모품 리스트까지 다양한 기록이 많은데, 그중 가장 좋아하는 리스트는 행복에 대한 리스트에요. 거창한 건 아니고요. 정리, 가족과 카페, 책,

제인 오스틴, 밀크티, 이타적인 삶, 아이들의 편지 등등 맥락은 없지만 보고만 있어도 힘이 나는 목록들이랍니다. 마음이 허전할 때는 위로가 되고, 급할 때는 처방 약이 되기도 합니다. 일기가 뺄셈이라면 행복 리스트는 덧셈인 셈이죠. 좋아하는 일을 해도 힘이 들거나 이유 없이 지치고 마음이 슬퍼질 때면 행복 리스트로 위안을 얻습니다. 자신을 다독이며, 다시 내일을 살아갈 용기를 내봅니다. 우리에게 행복 리스트가 필요한 이유입니다.

신규교사를 위한 책 추천

학교라는 공간에서 보람도 느끼고, 힘을 얻기도 하지만 때로는 상처받고 힘든 경우도 참 많습니다. 누군가와 대화를 하는 것은 버겁고, 혼자 있고 싶지만 외로워지면 책 속으로 산책을 합니다. 책은 나를 판단하지 않고 온전히 위로하고 해결책을 주는 멋진 친구입니다. 선생님들에게 위로가 될 만한 책들을 몇 권 추려보았습니다.

01 교사 수업에서 나를 만나다, 교사 삶에서 나를 만나다 / 김태현 지음

오랫동안 사랑받아온 책들입니다. 교사의 삶이나, 수업에 대해서 공감 가는 내용들이 따뜻하게 담겨있습니다. 교사의 마음을 어루만져주는 느낌이랄까요? 교사로서 힘든 순간이 왔을 때 꼭 추천하고 싶은 책입니다.

02 오늘 처음 교단을 밟을 당신에게 / 안준철 지음

 제목부터 고단한 처음을 위로하는 책입니다. 전남에서 오랫동안 학생을 지도하신 안준철 선생님의 교실 이야기 속에서 학생들을 생각하는 선생님의 따뜻한 마음을 느낄 수 있습니다. 제목처럼 교단이 처음인 선생님들에게 추천합니다.

03 회복적 생활교육 학급운영 가이드북

요즘 교육의 화두 중 하나가 회복적 생활교육입니다. 응보적 관점에서 관계의 회복이라는 새로운 방향을 제시해주는 내용입니다. 학교에서 실제로 적용해 볼 만한 활동들이 많이 나와 있어 학급 활동이나 자율활동에 참고하면 좋은 책입니다.

04 긍정학급 훈육법

긍정학급 훈육법(PDC)에 대한 책으로, 처음 학급 운영을 어떤 방향으로, 어떻게 해야 할지 고민이 많을 때 이 책이 유용한 지침을 줍니다.

CHAPTER 4

수업
준비

63 교과경영안, 평가안

학기가 시작하고 가장 먼저 하는 서류 작업은 교과경영안(혹은 교과운영안), 평가안(평가계획서) 작성입니다. 1학기, 2학기에 한 번씩 작성합니다. 24년도 부터는 각각 작성하던 교과경영안과 평가안을 하나의 양식으로 작성하게 되었습니다.

01 평가계획

평가계획은 이번 학기에 평가를 어떻게 할지 작성하는 것입니다. 중간고사, 기말고사, 수행평가 반영비율을 정하고, 수행평가는 어떤 내용으로 할지 작성하는 것입니다. 작년 파일이 잘 작성되어 있으니, 평가 목표, 기본 방향 등은 참고하고, 평가의 종류와 반영비율은 꼼꼼히 작성하길 바랍니다. 동교과 선생님이 계시는 경우라면 서로 협의해 내용을 작성하면 됩니다.

02 교과경영안

교과경영안은 이번 학기에 수업 진도를 어떻게 운영할지를 작성하는 것입니다. 교과서 한 권을 끝낸다고 가정했을 때 정해진 시수에 적절히 나누어 작성하면 됩니다. 역시나 작년 파일이 있으니 참고하시고 시수 계산만 잘 하면 됩니다.

참고로, 시수란 1주일 동안 수업하는 시간입니다. 1학년 3시수면, 1주일에 1학년 수업을 3시간 한다는 의미에요. 특별한 경우가 아닌 이상 학기에 시수×17(시간) 만큼 수업을 합니다. 3시수면 17×3=51시간이 1학기 때 1학년들과 해야 하는 수업시간입니다.

수업 첫 시간

담임으로써 학생들과 만나는 첫 시간도 있지만, 교과교사로서 학생들과 만나는 첫 시간도 있습니다. 기본적인 내용은 비슷합니다. 어떤 이야기를 하면 좋을지 같이 고민해 볼까요?

01 내 소개 및 1년 동안 교육철학

이름, 과목을 소개합니다. 이 과목은 어떤 과목이며, 어떻게 가르칠 것인지에 대한 설명도 합니다. 수행평가에 대한 안내도 미리 할 수 있으면 좋습니다. 수업시간에 지켜줬으면 하는 약속, 하지 말아야 할 행동에 대해 정확히 설명합니다.

02 학생 개인별 소개

자기 소개는 학생들도 지겹습니다. 들어오는 선생님마다 계속 시키게 되니까요. 이럴 때는 간단하게 이름과 장래희망만 이야기 하도록 합니다. 그래야 학생들을 가르칠 때도 유념해서 교육할 수 있습니다.

03 교과 반장 뽑기

　모든 학생에게 골고루 기회를 주기 위해 교과 반장을 따로 뽑습니다. (반장에게는 역할을 맡기지 않습니다.) 첫 시간에는 안내하고 두 번째 시간에 하고 싶은 학생 위주로 선발합니다.

04 조 만들기

　과목 특성상 실습이 많기 때문에, 학생 수에 맞게 3~4개조를 구성합니다. 공평하게 제비뽑기를 해서 조를 만들고, 책임 조장도 선발합니다.

05 수업 사전 설문지

　고등학교 학생들을 위주로 만든 자료다 보니 다소 진학에 치중되어 있는 느낌이 들기도 합니다. 이 자료를 기반으로 선생님들의 상황에 맞게 적절히 수정해서 사용하면 됩니다.

▶ 수업 사전 설문지

00 수업 사전 설문지 　학년　반　번　이름

수업은 교사 혼자 만들어가는 것이 아닌 교사와 학생이 함께 만들어가는 것이라고 생각합니다. 설문지를 통해 선생님은 여러분들께 수업에 대한 의견을 물어보고자 합니다. 여러분들의 의견을 적극 수렴해 이번 학기 수업에 반영하려고 합니다. 아래의 질문에 성심 성의껏 답변해주면 감사하겠습니다 :)

1 | 2년동안 받은 수학수업 중 기억에 남는 것이 있다면 적어주세요.

2 | 희망하는 대학전형은 무엇인가요? (교과/종합/특별전형/실기/논술/적성고사 - 중복기재가능)

3 | 정시를 희망하나요?

4 | 자신의 진로나 진로와 관련된 분야(혹은 관심분야)**를 적어주세요.**

5 | 수업시간에 이런 걸 해봤으면 좋겠어요.

6 | 이런 건 좀 별로였어요.

7 | 이것을 건의합니다!

8 | 학원에 다니나요? (학원인지, 과외인지, 몇 개인지)

9 | 수학선생님에게 하고싶은 이야기를 자유롭게 작성해주세요.

학생들이 첫 시간부터 너무 긴장하고 있는 것이 안타까워 조금이나마 학생들의 긴장을 풀어주기 위해, 편하게 작성할 수 있는 내용들을 고민하고 있습니다. 그 중에 하나가 밸런스 게임인데, 생각보다 폭발적인 반응을을 일으키고 있습니다.

▶ 밸런스 게임

01 밸런스게임

여러분들을 좀 더 자세히 알고 싶어 준비했습니다. 생각을 너무 많이하고 작성하지 마세요. 의식의 흐름에 몸을 맡기길 바랍니다. 가벼운 마음으로 작성해주세요 :)

01 | MBTI는?

02 | 부먹 vs 찍먹
이유 :

03 | 평생 떡볶이만 먹기 vs 평생 떡볶이 안 먹기
이유 :

04 | 팔만대장경 읽기 vs 대장 내시경 8만 번하기
이유 :

05 | 미래로 가기 vs 과거로 가기
이유 :

06 | 웃고 싶을 때 못 웃기 vs 울고 싶을 때 못 울기
이유 :

07 | 하나하나 사사건건 참견하는 담임 선생님 vs 자유 방임주의 담임 선생님
이유 :

08 | 내가 생각하는 나 vs 남이 생각하는 나 (더 중요한 것은?)
이유 :

09 | 정말 고마워 vs 니가 최고야 (더 듣기 좋은 말은?)
이유 :

65 활동지

수업을 하다보면 교과서만으로는 부족한 경우가 많습니다. 추가 설명해야 하는 부분도 있고, 문제를 제시해줘야 하는 경우도 있습니다. 활동지를 통해서 교과서의 내용을 보충할 뿐 아니라, 학생들이 수업에 잘 참여하고 있는지 확인하기도 합니다. 정해진 양식이나 틀이 있는 것은 아닙니다. 저희가 사용하는 활동지를 참고하여 선생님만의 활동지를 만들어 보세요.

01 활동지에 들어가야 할 내용

기본적으로 단원명, 페이지수, 학습목표, 학년, 반, 번호 이름 등은 꼭 들어가도록 합니다. 몇 번째 활동지인지를 확인할 수 있는 활동지 번호가 들어가는 것도 좋습니다. 수업에 따라 전시학습 복습이 필요한 단원은 '되돌아보기'로 넣습니다. 학생들이 생각보다 이전시간 내용을 복습하고 수업에 들어가는 것을 선호합니다.

본시 학습 내용, Jump과제 등을 순차적으로 제시해줍니다. 학생들이 질문하는 것을 어려워하기 때문에 학습지에 질문란을 만들어두고 활용하는 것도 좋은 방법입니다. 상황에 따라서 선생님 피드백 란을 만들어 활용하는 것도 필요합니다.

▶ 활동지 예시(수학)

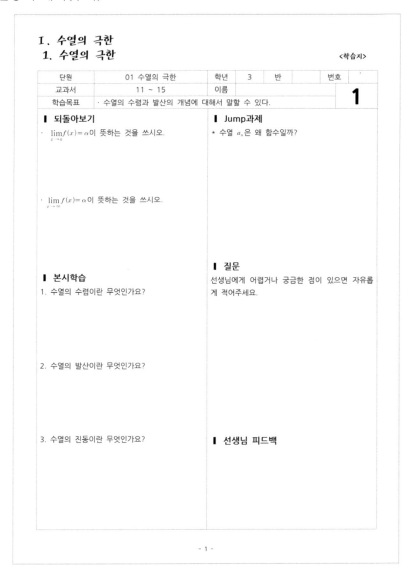

특성화 고등학교 3학년 담임의 가장 큰 업무 중 하나는 기능사 지도입니다. 필기 면제자 검정이기 때문에 실기 지도가 중요합니다. 제 과목은 식물자원이라 해마다 유기농, 원예, 종자 기능사를 번갈아 지도하고 있는데 덕분에 각종 자격증 자료를 잘 정리해서 학습지로 만들어 두었답니다. 한 페이지에 한 가지 내용만 담아서 정리 해놓습니다.

▶ 활동지 예시(식물자원 · 조경)

유기농업기능사

● 유기농업 자재 판별

유기농업자재란, 인축 및 환경에 무해하면서 농작물 양분공급, 병해충 억제 및 식물 생육촉진에 사용되는 물질로 유기농축산물을 생산, 제조 가공 또는 취급하는 과정에서 사용할 수 있는 허용물질을 원료 또는 재료로 하여 만든 제품을 말함

"유기농업자재의 명칭을 보기에서 골라 쓰시오."
"유기농업자재 중 단미사료로 이용되는 것을 한 가지만 쓰시오."

1. 유기농업자재 시료   = 단미사료

토양개량과 작물생육용 자재		병해충 관리용 자재		유기배합사료 및 보조사료용	
왕겨	벼 겉껍질, 수분흡수	규조토	식물성 플랑크톤 규조가 바다에 쌓임	면실박	목화씨 깻묵
톱밥	나무껍질, 켜고 남은	과망간산칼륨	광택 있는 적자색 결정체, 핑크	면실피	
피트모스(토탄)		젤라틴	콜라겐+산,알칼리 처리 끓여 추출	미강(쌀겨)	현미→백미 속껍질 가루
버미큘라이트(질석)		탄산칼슘		밀기울(소맥피)	밀 껍질
펄라이트(진주암)	진주암 가열, 통기 보수	에틸알코올		메밀	서늘 기후, 생육 기간 짧음, 내한성
제올라이트(비석)		카제인		인산1칼슘	
대두박	콩 분쇄 후 기름 추출 남은			인산2칼슘	
미강유박	기름 뺀 쌀겨			천일염	바닷물 염전에 가두어 햇볕 바람으로 증발
황산마그네슘	광합성 촉진 엽록소 구성			대두박	
황산칼륨				활성탄	야자 열매, 목재 탄화시켜 만듦
철				산화마그네슘	
아연				해바라기유	
붕소					
벤토나이트					

※ 대두박, 미강유박 등 깻묵류는 토양개량제, 유기배합사료 보조 사료용으로 모두 사용

66 수업 준비

　지식을 알고 있는 것과 이를 전달하는 것은 전혀 다른 일입니다. 전공에 대한 지식이 풍부하더라도 이를 잘 풀어내는 좋은 교사가 되기 위해서는, 좋은 수업을 하기 위해서는 많은 준비와 노력이 필요합니다. 수업 준비에 도움이 될만한 사이트와 유용한 팁을 살펴봅니다.

01 출판사 사이트(교사전용)

　출판사 홈페이지에는 생각보다 많은 자료가 있습니다. 디지털 교과서나 지도서 뿐 아니라 수업에 평가, 수행평가 등 활용할만한 다양한 자료가 있습니다. 주의해야 할 것은 출판사 홈페이지에 그냥 가입하는 것이 아니라 '교사'를 위한 홈페이지에 가입하는 일입니다. 비상교육의 '비바샘', 두산동아의 '두클래스'가 여기에 해당합니다. 꼭 사용하는 교과서 출판사일 필요는 없으며 교사 인증만 받으면 자유롭게 이용 가능합니다.

02 에듀넷 티클리어

　에듀넷 티클리어(www.edunet.net)는 한국교육학술정보원(KERIS)에서 운영하는 사이트입니다. 수업연구자료 뿐만 아니라, 연구대회에 수상한 선생님들 자료 등 교과에 대한 다양한 자료가 있어 참고하기 좋습니다.

03 NCS 국가직무능력표준

특성화고, 마이스터고의 경우 NCS학습모듈을 가지고 수업을 하고 있습니다. 관련자료는 모두 NCS 국가직무능력표준 홈페이지(www.ncs.go.kr)에서 확인할 수 있습니다.

04 EBS와 유튜브

수업에서 동영상 자료를 활용하는 것은 학생들의 학습 동기나 흥미를 위해서 좋은 도구입니다. EBS나 유튜브를 통해 수업과 관련된 다양한 정보를 수집할 수 있습니다. 유튜브는 저작권 문제가 있을 수 있으니 주의가 필요합니다. EBS는 교사지원센터를 따로 운영하고 있습니다. 교사용 자료 뿐 아니라 공모전 자료도 확인할 수 있기 때문에 수업에 참고할 수 있습니다. (EBS교사지원센터 : https://teacher.ebsi.co.kr)

05 전문적 학습 공동체 참여

최근 들어 지역별로 전문적학습공동체(이하 전학공)활동을 전폭적으로 지원하고 있습니다. 전학공이란 교사들이 특정 주제를 기반으로 함께 고민하고 공부하는 활동입니다. 교과 연구를 주제로 한 전학공에 참여해 활동해 보는 것도 좋습니다. 궁금했던 내용을 서로 공유할 수도 있고, 좋은 정보를 나눌 수 있는 소통의 장이 되기도 합니다. 같은 학교 내에서 전학공을 꾸려도 좋고, 타 학교 선생님들이나 비슷한 경력에 선생님들이 모여 전학공을 구성하는 것도 좋습니다.

06 교과연구회

지역별로 교과연구회 활동이 활발하게 이루어지고 있습니다. 연구회 활동하는 선생님들의 수업을 참관할 수 있는 기회가 주어지기도 하고, 교과에 대한 가장 깊이 있고 전문적인 경험을 얻을 수 있는 곳이기도 합니다. 전문성을 키우는데 큰 도움이 될 것입니다. 연구회 가입은 관련 연수에 참여하거나 동교과 선배 선생님께서 소개해주실거에요.

67

시험

학교 다닐 때는 그렇게 시험 보기가 싫더니, 이제는 시험출제가 더 어렵다는 사실을 알게 되었습니다. 학생들의 성취도를 파악하기 위해서는 시험 출제 과정 역시 꼼꼼함이 동반되어야 합니다. 중요한 과정인 만큼, 정확하고 엄격하게 임하는 것도 필요합니다.

01 교과교사 협의

같은 과목을 두 명 이상 지도할 경우 학습지 내용과 수업에서 중요하다고 언급하는 부분들이 다를 수 있습니다. 진도는 정확히 확인하고, 형평성에 맞게 동일한 내용이 전달될 수 있도록 교사간 협의 후 시험 안내를 하도록 합니다. 여러 반을 가르칠 경우도 마찬가지입니다.

02 개인 USB 사용하기

시험 문제의 보안은 그 무엇보다 중요하지만, 최근 들어 좀 더 엄격해졌습니다. 학교 컴퓨터에 시험파일이 저장되어 있어서도 안되고, 메신저로 파일을 주고받아서도 안 됩니다. 꼭 개인 USB에 파일을 저장해 놓고, 문서에는 암호를 지정합니다. [한글] - [보안] - [문서암호설정]에서 설정할 수 있습니다.

문제를 출제하고 다시 한 번 검토 할 때 유용한 기능입니다. 인쇄 옵션에서 형광펜을 보이게 할 수도 있고, 없앨 수도 있어서 필요에 따라 사용하면 됩니다.

▶ [한글] – [서식] – [형광펜] 정답에 드래그하고 기능을 실행할 수 있습니다.

(예시)

1. 설명에 해당하는 온실의 형태는 무엇인가?

> 반지붕형의 성능과 양지붕형의 장점을 합친 형태로, 수광량을 많이
> 필요로 하는 작물 재배에 적합한 형태

① ㉠   ② ㉡   ③ ㉢   ④ ㉣   ⑤ ㉤

▶ 검토할 때는 표시해서, 제출할 때는 제거해서 사용하시면 됩니다. 인쇄는 [인쇄] ➡ [확장] ➡ [선택사항]에서 형광펜 부분을 체크하거나 해제해 사용할 수 있습니다.

04 문제에 밑줄 표시

<u>모두</u> 고른 것은? 혹은 옳지 <u>않은</u> 것은? 이라는 문제를 만든다면 꼭 해당 단어에 밑줄을 그어주세요.

05 객관식 답 일정 하게

객관식 답은 1~5번이 모두 골고루 분포하도록 조절하는 것이 필요합니다. 한 번호로 찍은 학생이 문제를 푼 학생보다 점수가 잘 나오면 안되겠죠.

06 작년 시험과 동일 출제 안돼요

같은 학년, 같은 과목을 연속해서 지도하다보면 교사도 사람인지라 중요하게 생각하는 부분이 동일하기에 비슷한 문제를 내기도 하고, 작년 문제를 참고하기도 합니다. 이때 참고는 해도 되지만 동일하게 출제하는 것은 안 됩니다. 교육청에서는 작년 문제의 30%이상 동일하게 출제하지 않도록 이야기 하지만, 같은 내용을 묻더라도 다르게 표현해서 되도록 같은 문제를 출제하지 않도록 주의를 기울이는 것이 필요합니다.

07 다양한 유형 문제

좋은 문제는 또 다른 배움을 준다고 생각합니다. '단순하게 틀린 것은?', '옳은 것을 고르시오.' 하는 문제도 좋지만, 순서 배열하기, 그림, 그래프, 대화 등등 다양하게 구성하는 것이 바람직합니다. 평소 좋은 문제를 만나면 한글 파일에 저장해 놓았다가 그 형식을 따라해 보는 것도 좋은 방법입니다.

08 배점 표시

상황에 따라 다르지만, 매 번 계산하는 것이 번거로워서 어느 정도 배점을 정해놓고 출제하는 편입니다.

[25문제] 3점: 3문제, 3.6점: 6문제, 4점: 8문제, 4.4점: 4문제, 5점: 4문제

[25문제] 3.6점: 8문제, 4점: 9문제, 4.4점: 8문제

[30문제] 2점: 5문제, 2.4점: 5문제, 3.6점: 10문제, 4점: 8문제 5점: 2문제

(최근에는 수행평가의 서술형 평가 비율을 20%이상 배정하는 경우가 많습니다.)

09 시험 제출

제출 기한에 맞게 평가 원안, 문항정보표, 서술형 채점기준표를 제출합니다.

10 출제기준

서술형 문항 같은 경우 특히 채점기준표를 명확하게 작성해야 합니다. 여러 교사가 채점하는 경우도 있기 때문에 객관성 있게 채점할 수 있도록 합니다. 서술형 답안 특성상 다양하고 애매한 답변들이 많이 나올 수 있어서 미리 고민하고 채점 기준을 작성하는 것이 필요합니다.

11 교실 정비

▶ 담임인 경우 교실을 정비해야 합니다. 전날 청소 시간에 책상을 시험 배치로 바꾸고 칠판에 붙어있는 자료도 빼놓습니다.

▶ 칠판에는 시험에 대한 정보를 적는데, 보통 날짜, 재적, 응시, 결시에 대한 내용과 시험 과목, 시간표, 과목코드 등도 함께 적어줍니다.

▶ 가방은 뒤편 사물함이나 교실 앞에 가져다 놓도록 하고, 책상도 깨끗하게 정리하고 앞뒤를 돌려놓습니다. 시계는 칠판 앞에 두고 시간이 잘 맞는지 확인하고 (미리 건전지도 확인합니다.) 컴퓨터용 싸인펜 여부도 확인합니다.

▶ 핸드폰이 모두 수거됐는지도 한 번 더 확인합니다.

▶ 간식거리를 준비해서 나눠주기도 합니다.

2024. 1학기 중간고사

3-1

재적: 20명
응시: 18명
결시: 02명

16번 정태진, 미인정 결석
17번 정미정, 질병 결석

1교시: 09:00~09:50 국어(01)
2교시: 10:00~10:50 자습(00)
3교시: 11:00~11:50 재배(07)
4교시: 12:00~12:50 수학(02)

---

12 시험 순회

몇 번이나 검토를 하고 또 해도, 혹시 내가 발견하지 못한 중대한 오류가 있는 것은 아닌지 떨리는 마음으로 시험날을 맞이합니다. 보통 시험이 시작하고 15~20분이 지나면 교실을 순회하면서 문제에 이상 있는지 확인합니다. 단순 오타나, 학생들이 이해되지 않는 부분들은 간단하게 안내하면 됩니다.

13 시험 오류

간단한 문제는 바로 해결이 가능하지만, 시험 자체에 중대한 오류가 나오는 경우도 있습니다. 자책할 필요는 없어요. 다음에 좀 더 꼼꼼하게 보면 됩니다. 발견을 하였다면 연구부에 연락을 해야 합니다. 경우에 따라서 복수 정답을 인정하는 경우도 있고, 재시험을 봐야 하는 경우도 있기 때문에 논의해서 진행할 수 있도록 합니다.

15 시험 감독

▶ 교무실(혹은 평가준비실)에서 시험지를 챙겨 시험 10분전까지 교실로 갑니다. 도장, 볼펜, 컴퓨터용 싸인펜, 수정용 화이트를 챙깁니다.

▶ 교실에 도착하면 학생들을 제자리에 앉히고 책상위를 정리하게 합니다. 연필, 컴퓨터용 싸인펜, 수정용 화이트만 남겨두고 다른 것은 모두 가방 속에 넣고 교실 앞 쪽에 두게 합니다.

▶ 컨닝하는 즉시 0점 처리가 된다는 점을 강조합니다. 핸드폰도 확인합니다.

▶ 단정한 옷차림을 하려고 노력합니다. 걸어다닐 때 옷깃이 부딪치는 미세한 소리도 학생들에게 불편함을 가져다 줄 수 있어 조심하는 편입니다.

▶ 같은 이유로 정감독은 칠판 앞에서, 부감독은 뒷편에 서 있으면서 자주 왔다 갔다 하지 않으려고 합니다.

▶ 답안지는 시험 10분전에 나눠 준 뒤, 인적사항을 마킹하도록 합니다.

▶ 시험지는 시험 5분전에 나눠준 뒤, 간단히 인쇄상태만 확인하고 답안지로 시험지를 덮어두도록 합니다.

▶ 화장실 사용 여부는 학교마다 시험 규정을 확인해야 합니다. 저희 학교 같은 경우 30분이 넘으면 답안지를 제출하고 화장실에 갈 수 있고, 화장실에 다녀온 이후로는 복도감독 선생님과 함께 복도에 있어야 합니다.

▶ 시험이 시작된 직후 한 번 순회를 하고, 학생 답안지에 감독관 서명 혹은 도장을 찍습니다.

▶ 반번호이름 과목 표기, 문제를 빼먹고 마킹하지는 않았는지 확인합니다.

▶ 답안지 봉투에 해당되는 내용을 기입합니다. 과목, 과목코드, 학년, 반, 출결사항 등을 기록합니다. 출결사항을 기록할 때 결석한 학생에 대해서는 사유까지 기록하도록 합니다. 출결 내용은 보통 담임 선생님이 칠판에 작성해둡니다.

▶ 시험이 끝나기 30분 전, 10분 전, 5분 전 안내합니다.

▶ 답안지 수정은 학교마다 규정이 있습니다. 서술형 답안의 경우 학생이 틀린 부분에 두 줄을 그으면 거기 위에 도장을 찍어줍니다. 객관식의 경우 10분전

까지는 답안지를 교체해주고, 시간이 촉박한 경우에는 학생들이 화이트로 틀린 부분을 고친 뒤 교사를 부르면 수정한 내용을 답안지에 기입하고 확인 도장을 찍습니다.

▶ 종이 울리면 모두 손을 올리게 하고, 마지막 학생이 걷어오게 합니다. 번호대로 수거하고 답안지를 확인한 다음 평가계 선생님께 인계합니다.

▶ 회수된 답안지는 교무실(혹은 평가준비실)로 제출합니다.

16 사전협의록/사후협의록

시험 출제 전에 한 번, 시험 끝난 후 한번 협의록을 작성해서 제출합니다. 기본적인 내용은 정해진 틀에 평가계획에 작성된 내용을 씁니다.

▶ 제출목록

시험 전과 시험 후에 제출해야 할 서류들을 다시 한 번 정리해보겠습니다.

시험 전 제출	시험 후 제출
문항정보표, 시험지 원안, 사전 협의록	사후 협의록, 문항 정보표, 서술형 문항 정보표(해당되는 경우)

▶ 결과 분석 및 대책

사후 협의록에 시험 결과에 대한 분석 결과를 간단하게 작성합니다.

[예시] 2학기 중간고사 결과를 분석한 결과, 4반의 평균은 60점, 5반의 평균은 65점으로 예상 평균 70점에 5~10점 미치지 못함. ○○에 대한 이해도는 높았으나, 상대적으로 ○○에 대한 이해도는 낮음. 보충 자료를 통해 내용에 대해 정확히 이해할 수 있도록 복습 계획. 학생들이 흥미를 느낄 수 있도록 실물 자료를 활용해 교육 예정. 학생에 대한 개별지도를 통해 성취 수준을 충분히 도달할 수 있도록 교육 예정.

68 온라인 수업

지난 몇 년 간은 코로나19로 인해 모두가 힘든 시절이었습니다. 학교 역시 처음 맞이하는 상황에 막막하고 혼란스러운 시간들이 많았습니다. 하지만 교육이라는 큰 목표아래 모두 힘을 합쳐 산적한 문제들을 하나하나 해결해 나가며 조금씩 앞으로 나아가고 있습니다. 앞으로 상황이 나아지더라도 온라인 수업은 새로운 시대의 흐름인 것 같습니다. 복잡한 이야기보다는 온라인 수업에서 주로 사용하는 플랫폼에 대해서 간단히 살펴보고, 어떤 형식으로 온라인 수업이 진행되는지 알아보도록 하겠습니다.

01 학생관리

온라인에서 학생을 관리하는 시스템입니다. 위두랑, EBS온라인클래스, 구글 클래스가 대표적인 플랫폼입니다. 과제를 올리고, 출석을 체크하는 등 다양한 활동이 가능합니다. 위두랑이나 EBS온라인 클래스 같은 경우는 자체 수업 영상을 연결할 수 있으며, 구글 클래스는 구글 프로그램 간의 상호작용이 좋습니다.

02 상호작용

학생관리 프로그램에서도 학생들과 소통이 가능하지만, 즉각적인 피드백을 위해 카카오톡과 네이버 밴드를 활용하기도 합니다.

03 수업관련 프로그램

실시간 수업, 혹은 조종례 등 학생들의 얼굴을 온라인으로 마주해야 하는 경우가 있습니다. 이때 활용하는 것이 줌, 구글미트, 네이버밴드, 네이버 웨일 등입니다. 가장 많이 사용하는 것은 줌입니다. 다만, 줌 같은 경우 무료 버전은 사용 시간에 제한이 있습니다.

04 수업 활용프로그램

수업에 활용할 수 있는 프로그램을 몇 가지 소개하겠습니다. 꼭 온라인 수업뿐 아니라 오프라인 수업에서도 자유롭게 활용이 가능합니다.

1) 멘티미터 Mentimeter

학생들의 반응을 실시간으로 받을 수 있는 프로그램입니다. 교사가 별도의 방을 만들어 학생들이 링크를 타고 들어오면 각자의 반응을 실시간으로 작성해 올릴 수 있습니다. 손 들고 발표하는 것을 어려워하는 학생들에게 유용합니다. 첫 수업 시간이나, 동기유발 등에 활용하면 좋을 것 같습니다.

2) 카훗 Kahoot!

카훗은 게임을 기반으로 한 교육 프로그램입니다. 학생들이 교사가 만든 문제들을 풀게 되는데 마치 게임처럼 느껴지는 구성을 가지고 있습니다. 점수에 따라 등수를 매기는 등 학생들이 좋아할만한 요소들이 많습니다. 국내 프로그램인 띵커벨 또한 유사한 기능을 가지고 있습니다.

3) 패들렛 :Padlet

패들렛은 자신의 생각이나, 사진 등을 올릴 수 있는 프로그램입니다. 실시간으로 학생들의 의견을 확인할 수 있고, 동시에 학생들이 사이트 내에 접속해 있어 협업이 가능한 툴입니다. 친구들의 의견에 실시간을 댓글을 다는 등의 활동이 가능합니다.

4) 설문프로그램

설문 프로그램을 통해 학생들의 의견을 얻거나, 설문프로그램 자체로 수업을 구성할 수도 있습니다. 네이버 설문이나 구글 설문 등을 많이 활용합니다.

5) 다했니? 다했어요!

'다했니? 다했어요!'는 수업을 전반적으로 관리할 수 있는 툴입니다. '다했니'는 교사용 웹사이트, '다했어요'는 학생용 웹사이트입니다. 학생들이 과제를 제출하고, 교사가 이것을 확인하는 단순한 기능이지만 정말 유용하게 사용되는 프로그램입니다. 학급 경영할 때 학생들의 자료 조사나 안내장 용도로도 손쉽게 사용 가능해요.

CHAPTER 5

교사
복지

교사 호봉획정

학교에 처음 근무하게 되면 호봉 획정을 하게 됩니다. 내가 몇 호봉인지 계산하는 작업입니다. 교사는 매년 호봉이 1호봉씩 올라지만, 교사가 되기 전 경력도 호봉 승급에 반영해주기 때문에 세심한 관심이 필요합니다.

01 몇 호봉으로 시작할까?

일반적으로 교사는 8호봉부터 시작합니다. 사범대를 졸업했다면 가산연수 1년을 더해 9호봉, 군대를 다녀왔다면 군대 경력 1년 6개월(1.6호봉)을 반영해 10호봉이 됩니다. 호봉은 개월 수 단위로 반영되기 때문에 군필 선생님들은 정확하게는 10.6호봉이며, 발령받고 6개월 후에 11호봉으로 승급을 하게 되는 것이죠.

02 경력환산

학교에서는 내가 교사로 임용되기 이전 경력을 일부 인정해주며, 이를 호봉 획정에 반영합니다. 근무 경력은 연, 월, 일 까지 반영하며 12개월을 1년, 30일을 1개월로 계산합니다. 시간제로 근무를 한 경우 8시간을 하루로 생각해 계산합니다. (몇 년도에 근무했는지에 따라 시간은 약간 차이가 있어요.) 예를 들어 시간제 강사로 4시간씩 주2회 3개월을 일했다면 4시간 × 2회 × 4주 × 3개월 = 12(일)을 경력에 반영하게 되는 식입니다. 각 경력은 경력증명서가 있어야 효력이 발생하기 때문에 미리 준비해두면 좋습니다.

1) 교원(기간제, 사립학교 경력)

교원으로 근무한 경우 근무 경력을 100% 인정해 줍니다. 하지만 내가 임용된 과목과 다른 과목으로 근무를 했거나 학교급이 다른 경우에서 근무를 했다면 80%만 인정해 줍니다. 이외에 평생교육시설이나, 한국학교, 어린이집 교원 또한 100% 인정됩니다.

2) 공무원(교원 외)

교원이 아닌 공무원으로 근무한 경우 국가직이나 지방직 공무원의 경우 100%, 고용직 공무원의 경우는 80%를 인정해 줍니다.

3) 전일제, 시간제 강사

전일제로 근무한 경우 100%인정이지만 시간제로 일한 경우는 평균 주당 근무시간을 기준으로 계산이 됩니다.

초, 중등 교원 평균 주당 근무시간			
05.2.28 이전	05.3.1 ~ 06.2.28	06.3.1 ~ 12.2.29.	12.3.1. 이후
44시간	43시간	42시간	40시간

근무기간에 내가 주당 근무한 시간을 평균 주당 근무시간으로 나누는 방식입니다. 최근 임용되신 분들은 대부분 40시간이 적용되기 때문에 하루 8시간을 기준으로 생각하면 이해하기 쉽습니다. 만약 근무시간이 명확하지 않거나 12시간 이하인 경우는 근무한 경력에 3할만 인정된다고 하니 참고바랍니다.

대학 시간 강사의 경우 계산하는 방식은 똑같지만 주당 수업 시수에 따라 환산하는 방식이 다릅니다.

주당 수업시수	~5시간	6시간	7시간	8시간	9시간	10시간~
환산율	50%	60%	70%	80%	90%	100%

4) 학원강사

학원 강사로 근무한 경우 경력의 50%를 인정받습니다. 단, 신고된 학원이어야 하며 강사 또한 정식으로 등록되어 있어야 경력으로 인정받을 수 있습니다. 학원은 간혹 없어져 버리는 경우가 생겨 경력증명하기가 까다로운 경우도 있습니다. 따라서, 학원을 그만둘 때 서류를 함께 챙겨두는 것이 좋습니다.

5) 대학원

대학원은 경력을 100% 인정해 줍니다. 단, 임용전 대학원 경력에 한정됩니다. 교사가 된 후에 대학원을 다니는 것은 인정되지 않습니다. 같은 시기에 중복되는 경력은 두가지 모두 인정할 수 없으며 더 유리한 한 가지 경력만 인정하도록 되어 있습니다.

6) 기타경력

적어둔 내용들 이외에도 교육부 장관이 인사혁신처장과 협의하여 정하는 몇 가지 경력들이 있다고 합니다. 임용 전 경력이 있다면 관련 내용을 꼭 확인하기 바랍니다.

- ◆ 대학조교 100%
- ◆ 대학 및 대학원 연구 경력, 교육부 장관이 인정하는 연구기관의 연구경력 100%
- ◆ 변호사 혹은 법무사 70%
- ◆ 교원 노동조합 70%
- ◆ 대안교육 위탁교육기관 70%
- ◆ 종교법인 60%
- ◆ 공공기관 50%
- ◆ 제외 교육기관 50%
- ◆ 회사 근무 경력 40%

04 예시

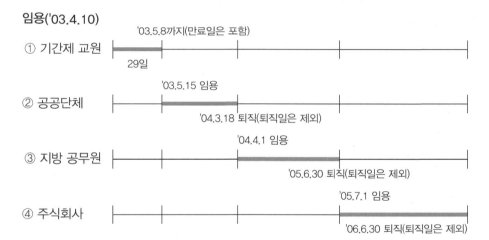

임용('03.4.10)

① 기간제 교원 — '03.5.8까지(만료일은 포함) — 29일

② 공공단체 — '03.5.15 임용 — '04.3.18 퇴직(퇴직일은 제외)

③ 지방 공무원 — '04.4.1 임용 — '05.6.30 퇴직(퇴직일은 제외)

④ 주식회사 — '05.7.1 임용 — '06.6.30 퇴직(퇴직일은 제외)

- 기간계산 : 임용일은 산입하고 퇴직일은 제외하되, 군복무기간의 퇴직(전역)일 및 근무시간이 정해진 계약직 공무원(기간제 교사 포함)들의 계약기간 만료일은 산입한다.
- 환산율 10할 : ①경력(29일) + ③경력(1년2월29일) = 1년2월58일
  환산율 5할 : ②경력(10월29일) ➡ 10월3일 × 50% = 5월1일(소수점이하 절사)
  환산율 4할 : ④경력(11월29일) = (11월 29일) × 40%
  　　　　　　　　　　　　　　 = (11월 × 40%) + (29일 × 40%) + 4.4월 + 11.6일
  　　　　　　　　　　　　　　 = 4월 + 0.4월 + 11.6일 = 11.6일 = 4월 + 12일(0.4월×30일) + 11.6일
  　　　　　　　　　　　　　　 = 4월 23.6일 ➡ **4월 23일(소수점이하 절사)**
  총합계 : 1년 11월82일 = 2년 1월 22일
  ※ 환산율 적용후의 경력기간은 「12월은 1년으로, 30일은 1월」로 각각 계산

교사 월급 내역서

선생님의 '월급'을 낱낱이 분석해보려고 합니다. 가장 흥미로운 주제 아니겠어요? 발령을 받고 첫 월급 받을 때가 기억납니다. 이제 나도 사회인으로서 시작이구나 하는 생각에 뿌듯함은 잠시, 급여명세서를 보면 의아한 생각이 들었습니다. 낯선 용어에, 왜 이렇게 떼가는 돈이 많은지.(웃음) 돈이야기는 조심스럽게 다뤄지지만, 정당한 노동에 대한 대가를 정확히 알 필요가 있다고 생각합니다. 교사월급 내역서에 세부 내역을 하나씩 살펴보도록 하겠습니다.

01 교사월급은 어떻게 될까?

교사의 월급은 크게 '급여내역', '세금내역', '공제내역' 세가지로 구분됩니다. 우리가 실제로 받게 되는 실 수령액은 [급여내역 − (세금내역 + 공제내역)]입니다.

급여명세서

급여지급년월 2023 년 11 월   성명 정태진

[고흥고등학교] [국공립교원/ /교사/18호봉/8년]   재직

공무원 구분	행정부국가공무원	급여관리 구분	호봉제	급여직층	국공립교원	최초 임용일	2017-03-06
기관명	고흥고등학교	급여관리 기관	전라남도교육청	직위	교사(중등)	현직급 임용일	2017-03-06
보직구분	담임교사	담당과목	수학	교원구분	교사(고등학교)	현직위 임용일	2017-03-06

[세부내역]

급여내역		세금내역		공제내역	
본봉	2,966,500	소득세	178,590	일반기여금	379,580
정근수당가산금	50,000	지방소득세	17,850	건강보험	181,640
정액급식비	140,000			노인장기요양보험	23,260
교직수당	250,000			교직원공제회비	944,220
교직수당(가산금4)	130,000			법정기부금	0
시간외근무수당(정액분)	117,100			공무원노동조합비1	0
시간외근무수당(초과분)	234,200			식대	98,200
교원연구비	60,000			친목회비	30,000
급여총액	3,947,800	세금총액	196,440	공제총액	1,656,900
실수령액			2,094,460		

정확한 안내를 위해 7년차 교사의 급여명세서를 공개합니다. 월급은 호봉에 따라 대부분 계산되기 때문에 방과후나 초과근무 수당 등을 제외하고는 같은 호봉이라면 비슷한 월급을 받게 됩니다. 저 같은 경우는 공제회 대출을 갚아나가고 있어 상대적으로 월급이 조금 더 적긴 합니다. 각 항목에 대해서 하나씩 살펴보겠습니다.

02 급여내역

▶ 유치원, 초등학교, 중학교, 고등학교 교원 봉급표

호봉	봉급	호봉	봉급
1	1,806,700	21	3,377,600
2	1,861,400	22	3,502,200
3	1,916,900	23	3,625,800
4	1,972,200	24	3,749,800
5	2,028,000	25	3,873,600
6	2,083,600	26	3,997,900
7	2,138,700	27	4,127,500
8	2,193,500	28	4,256,800
9	2,247,400	29	4,392,000
10	2,285,900	30	4,527,800
11	2,324,400	31	4,663,100
12	2,384,200	32	4,798,300
13	2,492,800	33	4,935,600
14	2,601,800	34	5,072,400
15	2,710,700	35	5,209,500
16	2,819,900	36	5,346,000
17	2,927,700	37	5,464,800
18	3,040,700	38	5,583,700
19	3,152,900	39	5,702,800
20	3,265,300	40	5,821,200

1) 본봉

급여명세서에서 '본봉'이란 월급에 가장 큰 부분을 차지하는 것으로, 일반적인 월급이 여기에 해당합니다. 교사는 호봉에 따라 월급을 받습니다. 앞서 이야기한 것처럼 보통 8~10호봉으로 시작하는 경우가 많은데, 본봉은 200만원 초반이 됩니다.

본봉은 매년 조금씩, 정말 조금씩 오릅니다.

2) 정근수당

정근수당은 1년에 2번 받습니다.(1월, 7월) 경력이 1년 미만인 선생님들은 지급되지 않고 2년 미만인 선생님들은 월봉급액의 5%를 받게 됩니다. 1년씩 늘어날 때마다 5%씩 증가하게 되며 10년 이상 되었을 때 (봉급의 50%)가 되면 더이상 오르지 않습니다. 이때 정근수당 가산금이라고 하여 경력이 5~10년은 5만원, 10~15년은 6만원, 15~20년은 8만원, 20년 이상은 10만원을 추가로 받습니다. 여기서 월 봉급액은 앞서 이야기한 '본봉'을 의미합니다.

근무연수	지급액	근무연수	지급액
1년 미만	미지급	7년 미만	월봉급액의 30%
2년 미만	월봉급액의 5%	8년 미만	월봉급액의 35%
3년 미만	월봉급액의 10%	9년 미만	월봉급액의 40%
4년 미만	월봉급액의 15%	10년 미만	월봉급액의 45%
5년 미만	월봉급액의 20%	10년 이상	월봉급액의 50%
6년 미만	월봉급액의 25%		

3) 가산금

가산금은 1번에서 10번까지 있습니다. 각 가산금에 해당되는 교사는 매달 정해진 금액을 받게 됩니다.

◆ 가산금 1 : 교육경력 30년 이상의 교육경력이 있는 55세이상인 교사가 받는 수당입니다. 월 5만원입니다.
◆ 가산금 2 : 보직교사가 받는 가산금입니다. 교무부장, 학생부장과 같은 부장교사를 뜻합니다. 매달 15만원을 받게 됩니다.
◆ 가산금 3 : 특별수당을 뜻합니다. 특수학교, 특수학급, 국악학교, 방통고 근무 등등 특수한 학교에서 근무하게 될 경우 매달 3~7만원을 받게 됩니다.
◆ 가산금 4 : 담임교사가 받는 가산금입니다. 매달 20만원을 받게 됩니다.
◆ 가산금 5 : 실과교사가 받는 가산금입니다. 2.5~5만원입니다.
◆ 가산금 6 : 보건교사가 받는 가산금입니다. 매달 3만원입니다.
◆ 가산금 7 : 겸임교장, 겸임교감이 받는 가삼금입니다. 겸임교장은 월 10만원, 겸임교감은 월 5만원입니다.
◆ 가산금 8 : 영양교사가 받는 가산금입니다. 월에 3만원입니다.
◆ 가산금 9 : 사서교사가 받는 가산금입니다. 월에 2만원입니다.
◆ 가산금 10 : 전문상담교사 및 순회교사가 받는 가산금입니다. 월에 2만원입니다.

24년부터 담임수당(가산금4)과 부장수당(가산금2)이 상승되었습니다. 담임 수당은 13만원에서 20만원으로, 부장수당은 7만원에서 15만원으로 변경되었습니다. 보직수당의 경우 무려 20년만에 인상으로 괄목할 만한 변화라고 생각합니다.

4) 명절 상여금

설날과 추석에 받는 특별수당으로 월 봉급액의 60%를 받습니다. 월급날을 기준으로 전후 15일 이내에 지급하도록 되어 있습니다. 월급과 함께 지급되는 경우가 많습니다.

5) 성과금

성과금은 이전년도 업무 내용을 평가해 등급을 받고, 등급에 따라 돈을 차등 지급받는 것입니다. 등급은 S등급, A등급, B등급 3가지로 나누어지게 됩니다. S등급은 약 440만원, A등급은 400만원, B등급은 360만원 정도 받습니다. (세금 제외) 전년도 업무 내용을 평가받는 것이기 때문에 신규 선생님들에게는 아쉽게도 지급되지 않습니다.

6) 가족수당

부양가족	월 지급액
배우자	40,000원
배우자 및 자녀를 제외한 부양 가족 1명당	20,000원
첫째자녀	20,000원
둘째자녀	60,000원
셋째 이후 자녀	100,000원

부양가족이 있는 경우 부양가족 숫자에 따라 일정 금액을 받습니다. 부양 가족수는 4명까지로 한정하지만, 자녀의 경우에는 4명을 초과하더라도 가족수당이 지급됩니다. 보통 등본상에 주소가 같이 되어 있어야 받을 수 있습니다. 지급 요건을 갖추었는데도 놓치는 경우가 많기 때문에 잘 확인하셔서 신청하기 바랍니다. 가족수당은 행정실에 문의하면 됩니다.

참고로, 자녀 및 배우자를 제외한 부양가족 기준은 다음과 같습니다.
① 등본상 주소가 같이 되어 있는 경우, ② 본인 및 배우자의 60세(여성은 55세) 이상의 직계존속, ③ 장애정도가 심한 가족이 있는 경우

7) 시간외근무수당(정액분)

한 달 중 15일을 정상 근무하면 받을 수 있는 금액입니다. 출근 시간보다 이르게 출근하고, 퇴근 시간보다 늦게 퇴근하는 노동에 대한 수당이라고 보면 됩니다. (초과 근무수당 10시간에 해당하는 금액이 들어옵니다.)

8) 시간외근무수당(초과분)

일과 시간 이외에 초과로 근무를 할 때 받는 수당입니다. 평일은 하루에 휴게시간 1시간을 제외하고 4시간 이내에서 1시간 단위로 인정됩니다. 예를 들어 오후 5시부터 10시까지 초과근무를 했다면 1시간을 제외한 4시간이 인정되며, 5시부터

11시까지 냈더라도 4시간만 인정하게 됩니다. 한 달에 초과근무는 57시간을 초과할 수 없으며, 휴일에는 최대 4시간인 것은 동일하지만 휴게시간 1시간을 제외하지 않고 인정합니다. 초과근무 수당은 호봉에 따른 월 봉급액에 따라 지급됩니다. 그래서 해가 바뀔 때 본봉이 오르면서 초과근무수당도 조금씩 오릅니다. 정말 조금씩입니다. 2024년 기준 초과근무수당 시간당 금액은 다음과 같습니다.

- ▶ 교감: 15,291원
- ▶ 30호봉 이상 : 14,312원
- ▶ 20 ~ 29호봉 : 13,333원
- ▶ 19호봉 이하 : 12,003원

9) 보전수당

국공립의 고등학교에 근무하는 근속연수 5년 미만의 교원 혹은 도서벽지 학교에 근무하는 선생님들이 받는 수당입니다. 월 15,000원~18,000원 정도 받습니다.

10) 교원연구비

교원의 지위향상과 교육활동 보호를 위해 지급하는 내역입니다. 5년 미만의 교원의 경우 75,000원(벽지 근무교원은 78,000원), 5년 이상의 교원의 경우 60,000원을 지급합니다.

11) 급식비

월 14만원을 지급합니다.

03 세금내역

1) 소득세

소득세는 1년간 버는 돈에 따라서 떼어가는 범위가 달라지게 됩니다. 소득 1,200만원 이하는 6%, 1,200만원 초과~4,600만원 이하는 15%, 4,600만원 초과~8,800만원은 24%를 세금으로 냅니다. 하지만 월급에서 빠져나가는 것은 원천징수를 한 금액이라 실제 소득세 금액과는 차이가 있습니다. 더 내거나 덜 낸 부분에 대해서는 연말정산 때 모두 정산되기 때문에 걱정하지 않아도 됩니다.

2) 지방소득세

소득세의 10%를 지방소득세로 냅니다.

04 공제내역

공제 내역도 세금과 비슷하게 월급에서 떼어가는 부분입니다.

1) 일반기여금

퇴직시 받게 되는 공무원 연금을 위해 내는 기여금입니다. 매달 기준소득 월액에서 9%에 해당하는 금액이 빠져나가며 정부에서 9%를 지급해 금액이 누적됩니다. 여기서 기준소득 월액은 단순히 봉급을 의미하는 것은 아니며 아래와 같은 계산 과정을 거칩니다. 물론, 자세한 식을 알 필요는 없고, 전년도 연봉을 기준으로 지급한다는 것 정도만 기억해둡시다.

▶ 기준소득 월액 = 전년도 과세 연봉 − (개인 수당) + 공무원종류 × 직급별 3개 보수 평균액 × (1+공무원 보수 인상률)

2) 건강보험

노인장기요양보험, 건강보험 등은 우리가 흔히 언급하는 건강보험료(건보료)라고 생각하면 됩니다. 건강보험의 경우 보수월액에서 건강보험료율(2024년 기준 7.09%)을 곱해 나온 금액을 12로 나눈 금액이 한 달동안 빠져나가는 금액입니다. 이때 건강보험료율의 절반인 3.545%는 정부가 나머지 3.545%는 개인이 지급합니다. 월급에서는 3.545%만큼의 금액이 빠져나가는 것이죠. 여기서 보수월액은 전년도 보수의 총액을 뜻하는데, 전년도 소득 전체를 총합한 금액이라고 보면 됩니다. 노인장기요양보험은 건강보험료 $\times$ $\dfrac{\text{장기요양보험료율}(0.9182\%)}{\text{건강보험료율}(7.09\%)}$ 로 계산된 금액입니다.

3) 교직원공제회비

교직원공제회비는 모두 내는 것은 아닙니다. 교직원공제회에 장기저축급여를 가입한 교사만 신청한 구좌에 맞게 빠져나갑니다. 공제회 대출을 이용한 경우도 월급에서 바로 빠져나갑니다. 교직원공제회 관련 내용은 뒤에서 자세히 다루도록 하겠습니다.

4) 교원연합회비(친목회)

교원연합회비는 매달 돈을 조금씩 모아, 교직원 행사 등에 사용하게 되는 돈을 뜻합니다. 학교별로 지출하는 돈에는 차이가 있으며 보통 학기초 교직원 회의에서 얼마를 지출할 것인지에 대해 안내해줍니다. 매달 2~5만원 정도 납부합니다.

맞춤형 복지포탈

매년 선생님들에게 복지비 명목으로 일정 포인트가 지급됩니다. 포인트형태로 지급되지만 현금 이용방법과 거의 동일합니다. 포인트가 어떻게 나에게 배정되고, 어떻게 사용하는지 살펴보겠습니다.

01 가입

복지 포인트는 맞춤형복지포탈(https://www.gwp.or.kr)에서 이루어집니다. 사이트에 들어가 가입을 합니다. 가입을 하고 바로 사용할 수 있는 것은 아니며, 행정실에서 확인 후 처리를 해야 사용이 가능합니다. 신규 발령 선생님들은 행정실에서 일괄적으로 작업을 하기 때문에 조금만 기다리면 바로 사용할 수 있습니다.

02 온누리 상품권(지역 상품권)

가장 먼저 해야 할 것은 온누리 상품권을 구입하는 것입니다. 온누리 상품권은 지역 경제 활성화를 위해 발권하는 상품권입니다. 교사는 의무적으로 사야 하는 온누리상품권 최소 금액이 있습니다. 이 금액 이상을 구입하고, 영수증 청구라는 과정을 거쳐야 포인트를 사용할 수 있습니다. 참고로 온누리상품권 이외에도 지역 상품권을 구매해도 괜찮습니다.

1) 구입금액 확인하기

맞춤형 복지 포탈 홈페이지에 들어가면 '온누리(65)' 혹은 팝업창으로 '상품권(65)점이 남았습니다.'와 같은 내용이 명시되어 있습니다. 이것은 온누리 상품권을 6만 5천원 구입해야 하는 것을 뜻합니다. 선생님별로 차이가 있기 때문에 홈페이지에서 몇 점이 청구되어 있는지 먼저 확인합니다.

2) 구입하기

금액을 확인 후 판매처에 가서 온누리상품권을 구입하면 됩니다. 보통 은행에서 구입이 가능하며, 영수증을 반드시 챙겨야 합니다. 예전에는 종이로만 발권이 가능했지만, 최근에는 전자 온누리 상품권이나 모바일로도 구입이 가능합니다.

3) 영수증 청구하기

상품권을 구입하고 받은 영수증을 맞춤형 복지포털에 청구하여 온누리 상품권 구입 내용을 증명해야 합니다. 맞춤형복지 포탈 홈페이지에 들어가 '영수증 청구'에 들어갑니다.

내가 구매한 내역에 맞게 각 사항을 작성하면 됩니다.

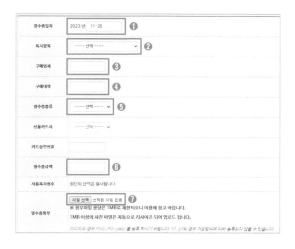

① 구매한 영수증 날짜를 입력합니다.

② 온누리(지역사랑) (개인의무구매)를 선택합니다.

③ 구매한 업체의 이름을 적어주세요. (예: 농협은행)

④ 구매내역을 적어줍니다. (예: 온누리상품권)

⑤ 일반영수증을 선택합니다.

⑥ 구매한 금액을 입력합니다. 의무구매금액 보다 많이 구입해야겠죠?

⑦ 구매한 영수증 파일을 첨부합니다.

4) 행정실에 제출

종이 영수증과 맞춤형 복지포탈 영수증 청구 내역서를 프린트해 행정실에 제출하면 포인트를 사용할 수 있습니다. 학교별로 제출이 필요로 하지 않는 경우도 있고, 요구하는 서류가 다른 경우도 있기 때문에 사전에 공지된 사항을 잘 확인하기 바랍니다.

5) 온누리상품권 판매처

▶ 지류상품권

신한은행, 우리은행, 국민은행, 대구은행, 부산은행, 광주은행, 전북은행, 경남은행, 기업은행, 농협은행, 수협, 신협, 새마을금고, 우체국

▶ 전자 상품권

BC카드, 우리은행, 대구은행, 부산은행, 경남은행, 기업은행, 농협은행

6) 구매 팁

현금으로 구입하면 할인을 해주기 때문에 현금으로 구입하는 경우가 많습니다. 평소에는 5% 할인이 되지만, 명절 시즌에는 10% 할인을 해주기도 하니 이 기간을 활용해도 좋습니다. 직접 구매를 하러 가는 것이 번거로울 경우에는 온누리 상품권이나 지역상품권 모두 모바일로 구매가 가능하기 때문에 이를 활용해보는 것도 좋겠습니다. 1인당 월 50만원 한도가 있습니다.

03 온라인 구입방법(지역 상품권)

최근에는 온라인으로 상품권을 구입하고 카드에 상품권을 충전해서 사용합니다. 직접 사러가지 않아도 되고 사용도 편리합니다.

① 지역상품권 chak 어플을 다운받습니다.

② 생활하는 지역을 클릭한 뒤에 지역 상품권을 선택하여 구입하면 됩니다.

③ 구입한 뒤 영수증을 청구하는 것은 지류 상품권과 동일합니다.

지역상품권도 온누리상품권처럼 명절과 같은 시기에 10% 할인을 해주기도 합니다. 생각보다 사용할 수 있는 곳이 많기 때문에 넉넉히 구매하는 분들이 많습니다. 저 같은 경우는 주유비나 생활비로 주로 사용하고 있습니다. 지역별로 카드와 연동해서 상품권을 활용가능한 경우도 있으니 참고바랍니다.

04 복지포인트

복지 포인트는 '기본복지 점수 + 근속복지점수 + 가족 복지점수'를 총합해서 계산됩니다. 1점당 1,000원입니다. 기본 복지점수는 400점(40만원)으로 모든 교사가 똑같이 받게 되는 금액입니다. 근속복지점수는 근속 연수에 따라 지급하는 점수로 1년을 근무할 때마다 10점이 추가됩니다. 가족점수는 가족 구성원에 따라 지급하는 점수로 배우자는 100점, 직계 존·비속은 1인당 50점, 둘 때 자녀는 100점, 셋 째 자녀부터는 200점이 해당합니다.

참고로, 지역별로 기본 복지점수에는 조금씩 차이가 있습니다. 기본 점수는 400점으로 되어 있지만, 전남은 현재 700점이며 지역에 따라 1,000점인 곳도 있습니다.
아래의 경우에도 복지점수가 지급됩니다.

▶ 출산축하 복지점수 2,000점(200만원)

▶ 셋째 이상 출산시 자녀당 1회에 한해 출산축하 복지점수 3,000점(300만원)

▶ 난임지원 500점(50만원)

▶ 태아, 산모 검진 지원 1회당 100점(10만원)

05 단체 보험

의무적으로 가입해야 하는 단체 보험이 있습니다. 1년 단위로 계약하기 때문에, 매년 9~10월이 되면 맞춤형복지포탈에서 내년도 보험의 보장을 선택해야 합니다.

보장 내용과 범위는 매년 조금씩 달라지는데, 자신의 상황에 맞게 가입하면 됩니다. 저는 주로 다음과 같이 선택합니다.

- ▶ 사망보험(생명/상해)은 보장범위 1억원이 기본 값입니다.
- ▶ 의료비 보장(실비)은 기존에 갖고 있는 보험이 있다면 관련 서류 제출을 통해 추가로 가입할 필요는 없습니다.
- ▶ 암보험(암 진단비) 또한 개인 보험이 있어서 최소 보장(1천만원)을 선택했습니다.

최근에 보험을 공부하면서 배운 점은 유지할 수 있을 만큼 가입해야 한다는 것입니다. 물론 단체보험은 복지포인트에서 일괄 지급되기 때문에 큰 부담은 없지만, 개인 보험의 약정과 비교해서 중복되지 않는 선에서, 중복되어야 하는 상황이라면 최소한의 약정으로 선택하는 것이 좋겠습니다.

06 카드청구 사용법

이제 포인트를 청구해 사용하면 됩니다. 청구 방법은 다양하지만 보통 '카드' 청구를 활용합니다. 제휴되어 있는 회사의 카드만 있으면 일반신용카드 사용과 거의 똑같기 때문에 편리합니다.

1) 사용카드 등록

[카드 청구] ➡ [사용카드 등록 /변경] ➡ [일반카드(기관제휴카드 포함)](삼성/신한/하나/국민/농협/롯데/BC 가능) ➡ 소지한 카드 중 선택

맞춤형 복지포털 홈페이지에 들어가 순서대로 카드를 등록합니다.

2) 자동 청구하기

자동 청구하기는 따로 청구 버튼을 누르지 않아도 등록된 카드로 결제를 하면 복지포인트로 청구가 되는 방식입니다. 수동으로 해도 가능하지만, 자동청구가 확실히 편리합니다. 홈페이지에서 [계좌 및 청구 방식 변경] ➡ [자동청구]에 체크해 주면 자동청구가 됩니다. 이제 등록한 카드로 결제하면 복지포인트만큼 차감이 되어 나중에 계좌로 사용한 포인트 만큼 현금으로 들어옵니다.

3) 유의사항

연수원에 가거나, 신규교사들이 모이는 곳에는 카드 설계사 분들이 꼭 계시는데, 말은 어찌나 잘하고, 심리를 잘 파악하는지 처음에는 안 만들어야지 생각했다가도 결국 가입하게 되는 경우가 많습니다. 그분들이 가장 많이 이야기하는 것이 복지포인트를 사용하기 위해서는 반드시 특정 카드를 만들어야 한다는 식입니다. '특별히! 지금 가입하면 현금을 00만원 주겠다.'라는 것을 포함해서 말이죠. 하지만 실제로는 간단하게 기존에 카드로 카드 청구도 가능하고, 요즘에는 온라인으로 가입해도 일정금액을 사용하면 캐시백 해주는 제품이 많기 때문에 잘 고민해서 카드를 개설하기 바랍니다.

72 교사 파견

교사는 일반적으로 한 학교에서 4~5년을 근무하고, 다른 학교로 이전합니다. 주변의 환경은 달라지지만 큰 틀로는 비슷한 과정의 반복입니다. 반복되는 교직생활이 지루하거나, 번아웃이 올 때 도움이 될만한 제도가 바로 '파견'제도입니다. 물론 일정 시험에 통과해야 다닐 수 있는 경우가 대부분이지만 월급은 그대로 나오면서 다채로운 경험을 할 수 있기 때문에 충분히 공부할 가치가 있다고 생각합니다. 최근에는 뽑는 인원수가 많이 줄어들긴 했지만, 여전히 매력적인 제도인 것 같습니다. 대표적인 교사 파견에 대해서 몇 가지 살펴보도록 하겠습니다.

01 교원대학교

교원대학교는 충북 청주시에 위치한 교원을 전문적으로 양성하는 대학교입니다. 보통 교사파견이라고 하면 '교원대학교'를 이야기하는 경우가 많습니다. 교원대학교에 파견을 가 석사학위를 받는 제도입니다. 수당을 제외한 월급을 받으며 학위를 받을 수 있기 때문에 관심이 많은데, 일반적으로 8~9월쯤 관련 공문이 발송되니 잘 확인하길 바랍니다. 자격요건으로 '자기소개서 및 수학계획서', '대학성적증명서' 등이 필요합니다.

참고로, 교원대학교와 서울대학교 파견은 지역에 할당되어 있는 인원이 정해져 있습니다. 만약 전남에서 교원대학교 파견인원으로 할당되어 있는 숫자가 10명이라면 아무리 우수한 성적을 거두었어도 전남에서 11등을 했다면 파견으로 대학교를 갈 수는 없습니다. 이런 경우는 연수휴직을 내고 월급은 받을 수 없지만, 대학원은 다닐 수 있습니다.

02 서울대학교

서울대학교에서도 교사파견을 실시합니다. 내용은 교원대학교와 유사합니다. 차이라면 교원대학교는 교사파견을 별도로 특별파견 형태로 뽑지만, 서울대학교는 교사들을 따로 뽑는 것이 아니라 일반 대학원생과 동일하게 대하는 형태라고 합니다. 뽑은 인원도 적고, 과목별로 텝스 점수가 필요한 경우도 있어 좀 더 까다로운 편입니다.

03 일본 문부성 교원연수생

일본 문부과학성 초청 교원연수생을 선발합니다. 일본대학에 가서 공부할 수 있으며 매달 일정금액을 지원받게 됩니다. 월급보다는 적은 금액이지만 등록금이나 검정료 등을 지원해준다고 하니 참고바랍니다.

▶ 연수관련 카페 : https://cafe.naver.com/kyoin
▶ 일본대사관 : https://www.kr.emb-japan.go.jp
▶ 교육부 국립국제교육원 : http://www.niied.go.kr

04 해외 학교

해외학교로 파견을 갈 수 있습니다. 해외학교 같은 경우는 생각보다 공문이 자주

옵니다. 파견 국가 또한 다양하지만, 보통 특정 과목을 고정해서 오는 경우가 많습니다. 현지 언어가 익숙한 사람을 우선하는 경우가 많고, 자격요건이 다양하다 보니 공문을 확인하길 바랍니다.

05 기타

AI융합과정과 같은 한정적으로 특별히 진행하는 파견이나 근무하는 지역 이외의 지역에 근무하는 파견 등도 있으니 공람되어 있는 공문을 잘 참고하기 바랍니다. 보통 파견 공문은 매년 비슷한 시기에 오기 때문에 문서등록대장에서 작년 공문을 미리 확인해보는 것도 좋습니다.

73 교사 겸직

교사는 공무원이기 때문에 법률상 '겸직'이 금지되어 있습니다. 본업을 제외하고는 다른 일을 원칙적으로 할 수 없습니다. 다만, 교사들이 할 수 있는 몇 가지 예외 조항이 있습니다. 교사가 가능한 활동에는 어떤 것들이 있을까요?

01 책 출판

공무원 겸직에 대한 내용을 살펴보면 개인의 저작물에 대한 권리를 인정해줍니다. 저작물에 가장 대표적인 예가 바로 책 출판입니다. 학습지나, 잡지 등 연속적으로 출간하는 내용이 아니라면 따로 겸직신고도 필요하지 않습니다. 책 출판이 아니더라도 원고료 명목으로도 가능합니다. 출판을 통해 소득을 얻는 것 뿐 아니라, 강의를 하거나 다른 특별 활동으로 발전할 수 있으며 나를 브랜딩하기 좋은 수단이 됩니다.

02 외부 강의

다른 학교, 교육청 혹은 대학으로 강의를 나가게 되는 경우가 있습니다. 강의를 가는 기관이 공공기관이나 국립 대학교 등이라면 별도의 신고절차가 필요하지 않습니다. 하지만 복무에 근거가 필요하다보니 가급적이면 해당 기관에 학교로 공문을 보내달라고 요청하면 좋습니다. 공공기관이나 국립대학이 아니라면 나이스에 있는 '외부강의' 탭을 활용해 사전에 신청하고 진행하거나 강의내용을 내부결제 한 뒤 강의를 나가면 됩니다. 단, 최근에 관련 규정이 개정되어 강의비를 받지 않고 진행되는 강의 같은 경우는 따로 신고가 필요없습니다. 강의료의 상한액은 원고료나 교통비, 출장비 등 모든 비용을 포함해 100만원을 넘지 않아야 합니다.

03 유튜브

최근 교사 유튜버에 대한 겸직논란이 이슈가 된 적이 있습니다. 법이나 규정들 보다 사회의 변화속도가 빠르다보니 발생하게 되는 문제가 아닌가 싶습니다. 이런 논란이 커지자 교육부에서는 학교에서 겸직신고를 한다면 교사의 유튜브 활동을 허락하고 있습니다. 단, 교사의 품위를 저해하는 활동이나, 학교 업무에 위해가 가는 것은 금하고 있습니다.

04 기타

블로그나, 부동산 임대업, 개별적으로 하는 재테크(적금, 주식, 예금, 펀드 등)도 가능합니다.

겸직신고

일부 겸직은 별도의 신고과정을 거쳐야 합니다. 생각보다 신고 절차가 번거롭고, 부담스럽기도 합니다. 하지만 신고를 해두지 않았을 때 큰 문제가 될 수도 있으니 겸직을 한다면 반드시 미리 신고를 해야 합니다. 관련 규정이 빨리 개정되었으면 좋겠네요.

01 겸직신고 대상

겸직신고를 하기 전에 먼저 겸직신고 대상인지 아닌지를 정확히 해야 합니다. 2가지 사항만 기억하면 됩니다. '개인 계정'인지, '수익이 나오는지'. 업무의 일환으로 컨텐츠를 제작해 인터넷 플랫폼 공공계정에 탑재하는 것은 별도로 신고할 필요가 없습니다. 하지만 개인 취미나 사적인 목적을 기반으로 한 계정의 경우 신고가 필요합니다. 대부분이 운영하는 것이 이곳에 해당합니다. 두번째는 수익이 나오는지에 여부입니다. 사실 이것이 가장 중요합니다. 수익이 1원이라도 발생하면 겸직신고 대상입니다. 반대로 말하면 수익 창출 요건(예시: 유튜브 구독자 1,000명. 누적 재생시간 4,000시간 이상)을 만족하였더라도, 내가 수익 신청을 하지 않아 수익이 발생하지 않았다면 겸직신고 대상이 아닙니다. 간혹 수익이 너무 적어서 신고를 하지 않는 경우도 있습니다. 나중에 혹시나 문제가 발생할 때 보호해주는 장치라고 생각하고, 수익이 적더라도 꼭 신고를 해야 합니다.

02 겸직신고 절차

유튜브나 블로그와 같은 인터넷 개인미디어와 관련된 겸직은 별도의 신고 절차를 거쳐야 합니다.

[겸직 심사위원회 구성] ➡ [겸직 신청] ➡ [심사] ➡ [결과통보]

겸직신고는 위의 4가지 과정을 통해 진행됩니다. 단순히 생각하면 겸직 심사위원회에 관련 절차를 문의하고 관련 서류를 작성하면 될 것 같지만, 생각보다 학교에서 겸직에 대한 내용을 잘 모르는 경우가 많습니다. 따라서 겸직 심사위원회 구성부터 관련 공문 기안까지 본인이 잘 알고 있어야 할 것 같습니다.

1) 겸직심사위원회 구성

겸직심사위원회는 교내 교원의 겸직에 대해서 적격한지, 부적격한 지를 판단하는 위원회입니다. 물론 심사 자체는 큰 무리 없이 통과되기 때문에 너무 걱정하지 않으셔도 됩니다. 대신, 학교에 위원회 자체가 없는 경우가 대부분이라, 직접 위원회의 필요성에 대해 알리고 위원회 구성에 대한 내용을 내부 결제해 둘 필요가 있습니다. 위원회 구성은 교감선생님을 포함해서 3인 이상으로 구성됩니다. 나머지 교원에 대해서는 특별한 제한이 있지 않기 때문에 부탁드리기 편한 선생님으로 하셔도 좋을 것 같습니다.

▶ 겸직심사위원회 구성

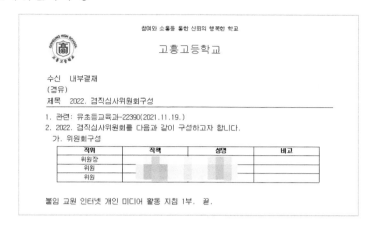

2) 겸직신청

이제 겸직을 하겠다는 내용을 위원회에 통보해야 합니다. 보통은 교장, 교감 선생님에게 사전에 구두로 겸직에 대한 내용을 알리고 동의를 구하는 것이 일반적입니다. 겸직 신청을 할 때는 '인터넷 개인 미디어 활동 겸직허가 신청'이라는 공문을 많이 참고합니다. 여기에 나와 있는 '인터넷 개인 미디어 활동 겸직 허가 신청서', '촬영 및 초상권 활용 동의서(해당될 때)', '겸직심사 체크리스트'를 함께 제출합니다.

3) 인터넷 개인 미디어 활동 겸직 허가 신청서

이전에 작성해두었던 내용을 수정한 겸직허가 신청서입니다. 아래 내용을 참고해 작성해보기 바랍니다.

▶ 겸직허가 신청서

서식1 인터넷 개인 미디어 활동 겸직허가 신청서

인터넷 개인 미디어 활동 겸직허가 신청서

인적사항	기관명	고흥고등학교			
	직급	교사		성명	정태진
담당 직무	○ 고3 담임				
겸직신청내용	겸직 허가기간	○ 2022.3.10.~2023.2.28.			
	채널명	네이버 블로그 '교단으로 가는 길'			
	채널 URL	blog.naver.com/jtj4454			
	활동 구분 (중복체크 가능)	□ 수업 외 직무활동 ■ 개인 취미 등 사적 목적 활동 ■ 기타 (수업자료 공유)			
	활동 목적	○ 수업자료 및 개발로 인한 전문성 향상 및 공부법 연구			
	주요 활동 내용	○ 수업자료 공유 ○ 수학공부 방법 및 읽기자료 공유 ○ 임용고시 준비방법 및 공부법 공유 ○ 학교 행정업무 팁 소개			
	초상권 활용 동의 필요 여부	□ 필요함 ■ 필요하지 않음	구독자 수 (신청일 기준)		6,500 (단위 : 명)
	게시물 수 (신청일 기준)	1,200 (단위 : 개)	월평균 광고수익 (신청일 기준)		5 (단위 : 만원)
	참고 사항	「초상권 활용 동의 필요 여부」는 유아·학생, 교원, 학부모(보호자) 등이 영상·사진에 등장하는지 여부로 판단 (등장하는 경우 동의 필요)			

<필수 첨부> 1. 인터넷 개인 미디어 활동 겸직심사 체크리스트
            2. 촬영 및 초상권 활용 동의서(초상권 활용 동의가 필요한 경우)

2022. 3. 2.

신청자 정 태 진   (서명)

고흥고등학교장 귀하

※ 각 기관의 여건에 따라 서식변경 가능

4) 촬영 및 초상권 활용 동의서

해당 동의서는 해당되는 경우만 작성해 제출하면 됩니다.

5) 인터넷 개인 미디어 활동 겸직심사 체크리스트

겸직 활동을 하면서 주의해야 할 사항에 대한 체크리스트 정도로, 차분히 읽어보고 해당되는 것에 체크해 제출하면 됩니다.

03 겸직결과 통보

위원회에서 겸직에 대한 내용이 특별한 문제가 없다면 겸직을 승인했다는 결과를 통보하며 이를 내부기안으로 남겨둡니다. 겸직신고는 1년 단위로 효력이 유지되기 때문에 매년 같은 과정을 반복해야 합니다. 조금 번거롭죠? 그런데 여기서 끝이 아닙니다. 겸직에 대한 현황보고에 대한 내용을 1년에 두 번 작성하게 되는데 여기에는 내가 운영하고 있는 채널의 주소와 구독자 숫자, 평균 수익 등을 작성해야 합니다.

▶ 겸직심사 결과 통보

참여와 소통을 통한 신뢰의 행복한 학교

고흥고등학교

수신　내부결재
(경유)
제목　2022. 교원 겸직심사 결과통보 안내

1. 관련: 고흥고등학교-12905(2021.12.24.)
2. 교원 겸직심사 결과통보를 붙임과 같이 안내하고자 합니다.

붙임 1. 교원 겸직심사 협의록 1부.
　　 2. 교원 인터넷 개인미디어 활동지침 1부.
　　 3. 개인미디어 겸직 신청서(정태진) 1부.
　　 4. 겸직심사 체크리스트(정태진) 1부.　끝.

1) 유의사항

▶ 수익이 1원이라도 발생한다면 겸직신고를 해야 합니다.
▶ 직무상 알게 된 비밀 누설에 대해서 금지하도록 되어 있습니다.
▶ 공무원으로서의 품위를 벗어나는 행위는 금지되어 있습니다.
▶ 직무 능률을 떨어뜨리거나, 정부에 불명예스러운 영향을 끼칠 우려가 있는 것은 금지되어 있습니다.

▶ 유아, 학생, 동료교직원, 보호자 등이 컨텐츠에 등장한다면 반드시 사전에 동의를 구해야 하며, 이를 영상에 자막으로 처리해 명시해야 합니다.

▶ 근무시간 중 교사의 개인 일상을 담은 브이로그 촬영은 금지되어 있습니다.

▶ 협찬을 받아 특정 물품을 홍보하거나, 후원 수익을 취득하는 행위는 금지되어 있습니다.

75 교직원공제회

교직원공제회란 교육기관에 근무하는 교육공무원이나 교원 등이 가입할 수 있는 것으로 공제제도를 운영하는 곳입니다. 가장 많이 이용하는 장기저축급여뿐 아니라, 보험이나 복지제도 등을 운영하고 있습니다. 교직원공제회에서 운영하는 다양한 상품과 복지제도에 대해서 알아보도록 합시다.

01 장기 저축 급여

장기 저축 급여란 장기 적금의 성격을 갖고 있습니다. 매달 월급에서 일정 금액이 빠져나가는 방식으로, 중간에 돈을 찾을 수도 있지만 보통 퇴직까지 불입하기 때문에 연금처럼 여겨집니다. 한도까지 꽉 채워서 넣어야 할지, 최소만 넣어두어도 될지 장기저축 급여의 장점과 단점을 간단히 살펴보고 어떻게 접근하면 좋을지 함께 생각해 봅시다.

1) 장기 저축급여 장점

장기 저축 급여는 장점이 많은 상품입니다. 우선 연 복리 4.6%(2024년 1월 기준)라는 높은 이율을 자랑합니다. 4.6%라는 높은 금리와 연 복리까지 되니 이율적인 측면에서 큰 장점을 가지고 있습니다. 물론 변동금리라 시기에 따라 변동이 있지만 충분히 매력적인 이율입니다.

두 번째는 저율과세 입니다. 재테크에 마지막은 세금이라는 말이 있습니다. 그만큼 세금을 어떻게 관리하는지가 자산을 관리하는 데 큰 부분을 차지한다는 뜻입니다. 현재는 적금만 들어도 15.4%라는 이자 소득세를 내야 합니다. 대부분 금융상품도 마찬가지입니다. 그런데 이 상품은 과세가 3% 이하인 상품이기 때문에 매력적이라고 할 수 있습니다.

세 번째는 공제회에서 받을 수 있는 다양한 혜택을 받을 수 있다는 것입니다. 단순히 장기저축급여를 통한 혜택 뿐 아니라 장기저축 급여를 가입한 회원은 대출제도를 이용할 수 있고, 가입선물도 있습니다.

2) 장기 저축급여 단점

제품 자체에 대한 단점 보다는 상품의 특성상 '돈이 묶인다'는 부분이 가장 조심스러운 부분인 것 같습니다. 아무래도 사회 초년생 때는 들어가는 돈이 많습니다. 차, 결혼, 집, 출산 등의 상황이 발생했을 때 장기 저축급여에 돈을 너무 많이 불입해 버리면 돈을 유동적으로 굴리기 어렵습니다. 따라서 무조건 돈을 많이 불입하는 것은 주의가 필요합니다. 참고로 탈퇴 급여금이라고 해서 중도에 해지를 해도 이자의 일부를 다시 제공해주는 제도도 있습니다.

3) 그래서 가입해야 할까? 말아야 할까?

가입하는 것을 추천합니다. 단순히 적금이 가지는 성격뿐 아니라 대출, 축하금 등 다양한 혜택도 있고, 저축급여 상품 자체가 주는 이점도 상당히 크기 때문입니다. 대신 '얼마'를 불입할지는 고민해 볼 문제입니다.

4) 얼마를 넣어야 할까?

교직원 공제회는 한 달에 입금하는 금액을 구좌라는 표현으로 대체합니다. 1구좌는 600원입니다. 최근 매달 불입할 수 있는 금액이 2,500구좌(150만원)까지 늘었습니다. 처음부터 높은 구좌로 시작하기 보다는 150구좌(90,000원)~500구좌(300,000원)정도로 시작하는 것을 추천합니다. 본인 상황에 맞게 시작하는 것이 중요합니다. 이런 상품들은 꾸준히 오랫동안 불입하는 것이 중요하기 때문에 유지할 수 있는 금액으로 시작하는 것을 목표로 하기 바랍니다.

02 대출제도(2024년 1월기준)

이제 대출은 선택이 아닌 필수가 된 것 같습니다. 자산들의 가격이 많이 올라감에 따라 사회초년생에게는 감당하기 힘든 경우가 많아졌기 때문입니다. 교직원공제회 대출제도는 여러모로 장점이 많은 대출입니다. 일반 대출보다 금리가 상대적으로 낮으며, 낮은 금리로 대출을 받을 수 있는 상품도 있습니다. 어떤 대출제도가 있는지를 살펴본 뒤, 필요할 때 적극적으로 활용하길 바랍니다.

1) 행복누리 결혼대여(이율 4.2%, 최대 3,000만원)

결혼예정일 전, 후 6개월 이내인 회원이 가입할 수 있는 상품입니다. 부부가 모두 회원인 경우는 각각 대출이 가능합니다.

2) 든든누리 주택대여(이율 4.2%, 최대 3,000만원)

주택을 구입하거나 임차시 받을 수 있는 대출입니다. 구입 또는 임차한 주택의 잔금 납부일 전, 후 3개월 이내에 신청이 합니다. 부부의 경우 각각 신청이 가능하지만 연 소득 5천만원 이하인 경우만 가능합니다.

3) 희망누리 출산대여(이율 4.2%, 최대 3,000만원)

회원 본인 및 배우자가 출산·입양후 3년 이내라면 대출을 받을 수 있습니다. 자녀 1인당 1회 신청가능하며 부부회원의 경우 각각 대여가 가능합니다.

4) 일반대여(이율 4.99%, 최대 1억)

장기저축금여 회원이면 받을 수 있는 대여로, 상황중인 대여의 미납만 없다면 신청 가능한 대여입니다. 다른 대여보다는 금리가 조금 더 높지만, 한도가 1억이기 때문에 상황에 따라 유연하게 활용할 수 있습니다.

03 복지부조

복지 부조란 특별한 행사가 있을 때 공제회 회원에게 혜택을 주는 제도입니다.

1) 신규 가입

장기저축급여에 신규 가입한 회원에게 상품을 줍니다. 매년 품목이 바뀌는데 최신에는 멀티그릴, 밀폐용기, 냄비세트, 핸드블렌더 중 하나를 지급합니다.

2) 결혼 축하

회원이 결혼을 하면 10만원을 현금으로 지급해줍니다.

3) 출산축하금

자녀를 출산, 입양한 경우 지급하는 축하금입니다. 첫째, 둘째는 10만원, 셋째 이상은 30만원씩 지급됩니다.

76

교사의 꿀 혜택

교사라서 받을 수 있는 혜택들이 많은데, 몰라서 혜택을 받지 못하는 경우가 많은 것 같습니다. 가장 유용하고, 사용이 편한 것들로 정리해보았습니다.

01 MS오피스 프로그램

대부분의 교육청이 마이크로소프트(이하 MS)사와 협약이 맺어져 있어 MS오피스 프로그램을 무료로 사용할 수 있습니다. 따라서 업무용 컴퓨터에는 프로그램을 구입하지 않아도 사용할 수 있습니다. 각 학교 별로 한글이나 MS-Office에 관한 인증서가 정보담당자에게 매년 옵니다. 여기에 적혀져 있는 인증키를 통해 가입해야 혜택을 받을 수 있습니다. 가입할 수 있는 사이트는 지역별로 차이가 있습니다. 정보담당자에게 관련 공문이나 내용이 전달되기 때문에 문의해 보기 바랍니다.

1) 원드라이브(Onedrive)

대부분 파일을 저장해서 보관하는 매체는 USB나 외장HDD일 것입니다. 휴대가 불편하기도 하고, 잃어버리는(떨어트리는..) 경우도 종종 발생합니다. 하지만 클라우드는 인터넷만 연결되어 있다면 자유롭게 사용이 가능하기 때문에 사용도가 굉장히 높습니다. 원드라이브 같은 경우는 무려 2TB나 무료로 사용이 가능해서 업무에 유용합니다.

02 영화할인

'교직원 공제회'에 장기저축급여에 가입되어 있다면 영화를 할인받을 수 있습니다. 교직원 공제회 사이트에 접속해 영화할인 탭에 들어가면 할인코드를 받을 수 있습니다. 예매할 때 이 할인코드를 넣으면 영화가 할인되는 방식입니다. PC나 모바일 모두 동일한 방식으로 가능합니다. 할인 코드를 사용하면 영화를 8,000원에 볼 수 있으며 매점 콤보도 2,000원 할인해줍니다. 1일 1회, 2매까지 가능합니다.

참고로, 교직원 공제회 홈페이지에 접속해 '복지서비스' 항목을 살펴보면 쏠쏠한 혜택을 받을 수 있는 것들이 많으니 꼭 살펴보세요. 영화 할인 이외에도 The-K호텔 할인이나, 쏘카 서비스도 유용합니다.

03 애플 교육할인스토어

애플에서는 교직원, 학생 등을 대상으로 제품을 좀 더 저렴하게 구입할 수 있는 애플 교육할인 스토어를 운영합니다. 심지어 매년 1월~3월 기간 동안은 기존 할인에 추가 행사를 진행합니다. 애플은 별다른 할인이 없기로 유명한데 사전 예약이 아닌 이상 이 기간이 유일하게 애플을 할인받을 수 있는 기회입니다. 할인된 가격과 사은품을 제공하는 형태로 신학기 프로모션을 진행합니다. 최근에는 에어팟 할인 (2세대는 무료, 다른 모델의 경우 할인)을 진행하고 있습니다. 기존 가격에 할인된 가격만으로도 매력이 있는데 사은품까지 제공되니 구입을 고민중이라면 이 기간을 활용해 구매할 것을 적극 추천드립니다. 애플 교육할인 스토어 혜택을 받기 위해서는 교사 인증을 해야 합니다. UNiDAYS라는 것을 통해 교사임을 인증하게 되는데 이상하게 교육청, 학교, 공직자 통합메일 모두 인증이 잘 안 됩니다. 이때는 본인이 근무하는 학교를 입력한 뒤에 공무원증 사진을 앞뒤로 찍거나, 재직증명서를 제출하면 됩니다.

04 공무원 복지몰

공무원 복지몰(https://gwpmall.or.kr)은 공무원의 복지를 위해 운영하는 다양한 할인혜택을 제공하는 쇼핑몰입니다. 모든 물건이 저렴하다고 보기는 어렵지만, 잘 비교해 보면 좋은 제품을 다른 사이트보다 저렴하게 구입할 수 있습니다.

05 줌, 구글 클래스룸 등

코로나19로 인한 온라인수업이 확산되면서, 학생이나 교직원들에게 수업을 위한 도구를 유용하게 이용할 수 있는 혜택들이 있습니다. Zoom이나 구글 클래스룸 등이 혜택을 제공합니다. 물론 시기에 따라 조금 차이가 있어요.(교사 인증을 위해 교사전용 이메일이 필요한 경우가 있습니다. 이때는 공직자 통합메일로 가입하면 됩니다. 홈페이지에 들어가 가입 신청을 하면 담당자가 승인을 해줍니다. (https://mail.korea.kr/)

06 이전비(이사비 지원)

공무원은 현재 근무지 외의 지역으로 새로 부임받게 되거나, 청사 소재지 이전에 따라 거주지를 이전하게 되는 경우 이전비(이사비)를 지원받을 수 있습니다.

같은 시군 및 섬 안에서 거주지를 이전하는 경우는 이전비를 지원받을 수 없습니다. 새로운 학교로 발령받은 날로부터 6개월 이내에 청구해야 한다고 합니다. 미리 행정실에 전화를 해 필요한 서류를 확인한 뒤에 이사를 가는 것이 좋습니다. 여기서 주의할 점은 발령 받기 전에 이사하는 것에 대해서는 지원이 되지 않기 때문에 주의하셔야 됩니다.

지급기준	지급액
5톤 이하의 이사화물	해당 이사화물 이전비의 실비(사다리차 등 이용료 포함)
5톤을 초과하는 이사화물(이사화물이 7.5톤을 넘는 경우에는 7.5톤을 상한으로 한다)	5톤의 이사화물에 해당하는 이전비의 실비(사다리차 등 이용료 포함)에 5톤 초과 7.5톤 이하의 이사화물에 해당하는 이전비의 실비(사다리차 등 이용료 포함)의 50퍼센트를 더한 금액

07 캔바, 독서 플랫폼(크레마클럽, 밀리의 서재 등)

▶ 캔바는 다양한 디자인 툴을 사용할 수 있는 플랫폼입니다. 회원가입 뒤에 교사 인증을 완료하면 다양한 기능을 무료로 이용할 수 있습니다. 수업이나 학생들 활동에 활용할 수 부분이 많으니, 꼭 이용해보는 것을 추천드립니다. 교사 인증은 재직증명서 사본을 이용할 수도 있습니다.

▶ 독서플랫폼(크레마클럽, 밀리의 서재 등)에서도 교사를 위한 프로그램들이 자주 나오는 데요. 별도로 안내 공문이 내려오면 확인 후 신청해 보는 것도 좋습니다.

▶ 산돌폰트에서도 교사, 교직원, 학생들에게 산돌구름 서비스(폰트를 자유롭게 사용할 수 있는 프로그램)을 무상으로 제공합니다. 폰트를 일일이 설치하지 않아도 프로그램을 통해 다양한 글꼴을 사용할 수 있어서, 작업물의 질이 굉장히 올라간답니다. 역시 회원가입 후에 교사 인증을 받으면 1년간 무료로 이용할 수 있고, 만료 이후에는 재신청이 가능합니다.

77

연말정산

연말정산이란 소득을 기준으로 세금을 더 낸 경우 더 낸 것 만큼 금액을 돌려 받고, 세금을 덜 냈다면 세금을 추가로 내는 것입니다. 연말정산이라는 이야기만 들어도 머리가 아픈 직장인들을 위해, 연말정산의 공제 내역과 방법을 하나씩 살펴보도록 하겠습니다.

01 연말정산 공제내역

1) 신용카드와 체크카드

가장 대표적인 소득공제 내역은 신용카드와 체크카드입니다. 신용카드는 보통 15%, 체크카드는 30%를 공제해 줍니다. 모든 사용액을 공제해 주는 것은 아니며 나의 소득에 25%는 제외하고 이후 사용한 금액에 대해서 공제됩니다. 카드 공제의 경우 기준 금액을 넘는 금액에 대해서만 공제가 되다보니, 부부의 경우는 소득이 높은 사람에게 카드 사용을 몰아주기도 합니다. 보통 신용카드가 체크카드보다 혜택이 더 많기 때문에 소득의 25%까지는 신용카드를 사용하고 이외의 금액은 체크카드를 사용하면 혜택을 많이 받을 수 있습니다. 계산하기 번거롭다면 체크카드를 주력으로 사용하는 것도 방법입니다.

예시 소득이 2,000만원 체크카드 사용액이 600만원일 때, 2,000만원에 25%인 500만원은 제외되며 600 − 500 = 100(만원)에 해당하는 금액만 공제가 됩니다. 따라서 100만원에 30%인 30만원이 공제됩니다.

2) 현금영수증

현금영수증도 체크카드와 같습니다. 소득의 25%가 초과되는 금액에 한해서 30%를 공제해 줍니다.

3) 주택청약

총 급여액이 7천만원 이하인 무주택 세대주의 경우라면 납입금액의 40%까지 공제를 받을 수 있습니다. 최대한도가 240만원이니 한 달에 20만원씩 다 채워 납입하는 것을 추천드립니다. 세금혜택 뿐 아니라, 집 장만을 위한 청약을 위해서도 꼭 필요합니다.

4) 월세

총 급여액이 7천만원 이하인 무주택 세대주를 대상으로 월세액의 10% 또는 12%가 공제됩니다. 최대 750만원이 한도입니다.

5) 기타

이외에 보험료, 연말정산이 가능한 재테크 상품(스타트업 투자, 연금저축 등), 중고차 구매, 안경구매, 병원비, 교육비, 인적공제(부양할 가족에 관한), 기부금에 대해서도 공제를 해주니 해당하는 부분을 잘 살펴 소득공제에 참고하길 바랍니다.

이제 연말정산을 한 번 진행해보도록 하겠습니다. 연말정산은 보통 1월 15일 이후 시작하며, 행정실에서 기간을 안내합니다.

① **홈텍스에 접속합니다.**(https://www.hometax.go.kr/)

홈텍스에 접속하면 연말정산 기간동안은 바로 연말정산을 할 수 있도록 화면을 띄워 놓습니다. [연말정산 간소화]로 들어갑니다.

② **공제내역 확인하기**

①은 조회 기간을 뜻합니다. 신규 선생님들은 보통 3월에 발령을 받기 때문에 1, 2월은 선택에서 제외해야 합니다.(중간 발령인 선생님은 그 기간에 맞춰서 진행하면 돼요.) 신규 선생님이 아니라면 1년 전체를 체크하면 되겠죠?

②가운데 화면에 돋보기 버튼을 하나씩 클릭을 하면 각 항목에 해당하는 공제 내역이 뜨게 됩니다. 하나씩 클릭해 내역이 제대로 뜨는지 확인을 합니다. 가끔 내역이 0원으로 나오는 경우가 있습니다. 내역이 없다면 상관없지만 내역이 있는데도 0원으로 뜬다면 각 내역을 확인할 필요가 있습니다. 보통 현금 영수증의

경우 전화번호 입력이 안되어 있는 경우가 많고, 주택청약의 경우 무주택 확인서 등을 은행에 제출하지 않아 0원으로 나올 수 있으니 참고바랍니다.

③ 파일 내려 받기!

자 이제 각 항목을 다 확인했다면 ①에 내역들이 정상적으로 나오는지 확인합니다. ②에는 세부 사항이 적혀있으니 참고하면 되겠습니다. 확인이 다 끝났다면 '한번에 내려받기'를 클릭해 자료를 다운받습니다. 자료를 다운을 받을 때 개인정보를 선택하는 부분이 있는데요. 이때 개인정보 '공개'로 선택한 뒤에 '내려받기' 버튼을 클릭합니다. 비공개로 하면 주민등록번호가 나오지 않아, 업무 처리가 안되는 것 같습니다.

④ 나이스 자료 등록

여기서부터는 나이스에서 하는 작업입니다. 홈텍스에서 받은 자료를 나이스에 등록하는 것인데요. 나이스에 메뉴에 보면 '연말정산' 탭이 있습니다. 여기에서 정산공제자료 등록에 들어갑니다.
[PDF업로드]를 클릭한 뒤 일괄내역 업로드에서 '등록' 버튼을 클릭한 뒤 아까 다운받았던 홈텍스 내용을 업로드합니다.

⑤ 서류 출력

이제 다 완료되었습니다! 별로 어렵지 않죠? 이제 서류들을 출력만 하면 됩니다. 보통 소득공제신고서, 홈텍스 자료, 3개월 이내 등본, 나에게 해당하는 서류들(기부금, 의료비 등)을 행정실로 제출해야 합니다.

⑥ 서류에 싸인한 뒤 학교로 보내기!

이제 출력한 내용을 싸인한 뒤 학교로 보내면 됩니다. 마지막에 출력한 기부금, 의료비 내역에 싸인을 하고, 소득공제신고서에도 사인을 해야 합니다. 다 완료

가 되었다면 학교에 등기로 보내면 끝입니다. 직접 제출해도 되고, 사인한 정산
서를 스캔해서 보내는 경우도 있습니다.

03 난 돌려받을까? 더 낼까?

연말정산한 뒤 가장 궁금한 것은 내가 돈을 돌려받을지, 더 낼지에 관한 부분일
겁니다. 원천징수 영수증 하단에 보면 '차감징수세액'이라는 부분이 있는데, 여기에
−1,000 이라고 쓰여있으면 1,000원을 돌려 받는 것이고 1,000이면 1,000원을 추
가로 내야 한다는 의미입니다. 내야 하거나 받아야 하는 세금은 월급에서 자동으로
정산되어서 나옵니다. 참고로 방과후 수당은 중간에 세금을 내지 않기 때문에 나중
에 토해낼 확률이 높답니다. 다들 많이 돌려받으시면 좋겠습니다.

건강검진

공무원은 격년으로 건강검진을 의무로 시행해야 합니다. 바빠서 건강에 소홀했더라도, 의무로 건강검진을 해야 한다고 하니 다행이라는 생각이 들기도 합니다. 이제는 건강을 신경 써야 할 나이가 되었으니까요.

01 건강검진 대상 여부

홀수 년생은 홀수 년도에, 짝수 년생은 짝수년도에 국가 건강 검진이 무료 대상입니다. 1989년생이라면 2023년에, 1992년생이라면 2024년이 대상입니다.

02 복무

관리자에게 구두 보고 후 기안을 올리면 됩니다. 연가 일수에 포함되지 않습니다. [나이스] - [공가]에 들어가 복무를 내면 됩니다.

03 알아두어야 할 내용

▶ 해당 년도에 건강 검진을 받지 않는 경우, 벌금이 부과됩니다.
▶ 사정이 생겨 공가를 낸 후 건강검진을 받지 못하는 경우, 기결 취소를 해야 합

니다. 그렇지 않은 경우 '주의'(학교 감사 실시)를 받게 됩니다.

▶ 공가 날짜와 건강검진 날짜를 확인하기 위해 학기 말에 서류를 제출하니, 복무에 신경써야 합니다.

▶ 건강검진 확인을 위한 서류가 필요하다면 [국민건강보험 홈페이지] – [건강iN] – [나의건강관리] – [건강검진정보] – [건강검진 실시확인서(직장 제출용)] 인쇄하면 됩니다.

재직증명서 발급

대출을 받거나, 경력을 인정받아야 하는 경우 재직증명서가 필요합니다. 행정실에서 재직증명서를 뗄 수도 있지만, 주말이나 저녁에 갑자기 필요한 경우도 있고, 행정실에 말씀 드리는 것도 쑥스러울 때 온라인으로도 재직증명서를 발급받을 수도 있습니다.

01 재직증명서 발급

① 사이트 접속
[나이스 대국민서비스(https://www.neis.go.kr)] ➡ [홈에듀 민원서비스]에 들어갑니다.

② 교육청 선택
소속되어 있는 교육청을 선택합니다.

③ 재직증명서 발급
[온라인 발급민원] ➡ [인사] ➡ [재직증명서]를 클릭한 뒤 로그인을 하고 신청 정보에 대한 내용을 확인합니다. 이상이 없다면 다음 화면으로 갑니다.

④ 저장, 비밀번호 입력

저장버튼을 누르면 PDF파일로 재직증명서를 다운받을 수 있습니다. 파일 비밀번호는 신청인의 생년월일 6자리입니다.

이 책은 단순한 계기에서 시작했습니다. 세상에 좋은 교사가 되기 위한 조언은 많은데, 정작 교사로서 알아야 하는 기술적인 내용에 대한 책은 부족했기 때문입니다. '교사에게 필요한 실용서를 만들어 보자.'가 시작이었습니다.

저와 동생은 늘 교사의 삶에 관심이 많았습니다. 학교의 모든 일에 최선을 다할수록 체력적, 정신적 소모가 큰 교사들의 삶이 지쳐서 멈춰버리지 않도록, 좋아하는 일을 하면서도 회의감을 느끼지 않도록 할 수 있는 방법은 무엇일까 고민하면서요.

그동안 무수한 시간들을 학생들에게, 학부모에게, 학교에게 좋은 교사가 되기 위해 노력했지만, 사실 가장 먼저 고민해야 했던 건 내가 교사로서 어떻게 해야 행복할 수 있는지 아니었을까요?

사실 이건 저희의 이야기입니다. 잘하고 싶은 마음이 클수록 걱정과 부담이 커져가고, 결국엔 아무것도 할 수 없는 순간까지 마주하게 되면서 끊임없이 시행착오를 겪은 끝에 알게 된 아주 사소한 깨달음입니다.

이제는 학교의 모든 일을 잘하려고 노력하지 않습니다.

교사로서의 정체성과 삶을 사랑하지만 최고의 교사가 되기 위해 모든 시간을 쓰지 않습니다. 나와 학생들의 성장을 위해 최선의 노력을 다하지만, 결코 무리하지 않으려고 노력합니다.

사소한 문제들은 사소하게 해결하고, 중요한 일에만 힘을 쓰려고 합니다. 더 이상 줄 간격과 폰트, 메신저 내용에 신경 쓰지 않고, 반복되는 업무에 루틴과 체크리스트를 만들어 그대로 진행합니다. 중요한 일을 제외하고는 사소한 고민도 하고 싶지 않기 때문입니다.

그렇게 불필요한 일을 지워가고, 조각난 시간들을 모아 내 삶을 가꾸는 데 씁니다. 교사로서의 나, 개인으로서의 나를 모두 아끼기 때문에 균형을 이뤄 살아가려고 합니다. 천천히 해도 괜찮고, 완벽하지 않아도 괜찮습니다.

이 책을 통해 사소한 일을 쉽게 해결하고, 좋은 교사의 마음가짐과 성장은 천천히 배워나가는 여유를 갖게 되었으면 좋겠습니다. 무거운 책임과 의무에서 벗어나, 즐겁고 행복한 교사의 삶을 살 수 있게 되길 간절히 바라는 마음, 그것이 진부하지만, 저희가 이 책을 통해 나누고 싶었던 이야기입니다.

감사합니다.

참고문헌

◆ 개정 한눈에 알아보는 공공언어 바로 쓰기 국립국어원 2019

◆ 한눈에 알아보는 공문서 바로 쓰기 국립국어원 2009

◆ 행정업무운영 편람 행정안전부 2020

◆ 정리의 기술 생크추어리 퍼블리싱 아르고나인미디어그룹 2016

◆ 교직 실무의 모든 것 김학희 아이스크림 2022

◆ 나는 오늘 책상을 정리하기로 했다 즐거운상상 2018

◆ 짧고 굵게 일합니다 곤도 마리에, 스콧 소넨샤인 리더스북 2020

◆ 국가공무원 복무·징계 관련 예규

◆ 공무원수당 등에 관한 규정

◆ 2024 공무원보수 등의 업무지침

◆ 교육공무원 호봉확정시 경력환산율표의 적용 등에 관한 예규

◆ 2023 득이 되는 연금이야기

◆ 교육공무원법

교사 생활 교과서
(신규교사를 위한 교직실무 꿀팁)

발행일 ┃ 2024년 4월 1일

저　자 ┃ 정미정 · 정태진
발행인 ┃ 모흥숙

발행처 ┃ 내하출판사
주　소 ┃ 서울 용산구 한강대로 104 라길 3
전　화 ┃ (02)775-3241~5
팩　스 ┃ (02)775-3246

E-mail ┃ naeha@naeha.co.kr
Homepage ┃ www.naeha.co.kr

ISBN ┃ 978-89-5717-570-5(13300)
정가 ┃ 20,000원